TROIS PASSIONS

PAR

AUGUSTE BARBIER

AUTEUR DES IAMBES

PARIS

E. DENTU, ÉDITEUR

LIBRAIRE DE LA SOCIÉTÉ DES GENS DE LETTRES

PALAIS-ROYAL, 17 ET 19, GALERIE D'ORLÉANS

TROIS PASSIONS

DU MÊME AUTEUR

Iambes et Poemes. 18ᵉ édition, revue et corrigée. 1 volume grand in-18.. . . . . 3 fr. 50

Satires et Chants. Nouvelle édition comprenant :
  Les Chants civils et religieux. — Les Rimes héroïques et les Satires dramatiques. 1 vol. grand in-18 j. 3 fr. 50

Jules César, tragédie de Shakspeare, traduite en vers français. Nouvelle édition. 1 vol. gr. in-18 avec portraits. 3 fr. 50

Rimes légères. Chansons et Odelettes. Nouvelle édition. 1 vol. grand in-18.. . . . . 3 fr. 50

Satires. 1 vol. grand in-18. . . . . 3 fr. 50

Silves, poésies diverses. 1 vol. grand in-18. . . . 3 fr. 50

PARIS. — IMP. SIMON RAÇON ET COMP., RUE D'ERFURTH, 1.

TROIS PASSIONS

PAR

AUGUSTE BARBIER

AUTEUR DES *IAMBES*

PARIS

E. DENTU, ÉDITEUR

LIBRAIRE DE LA SOCIÉTÉ DES GENS DE LETTRES

PALAIS-ROYAL, 17 ET 19, GALERIE D'ORLÉANS

—

1868

Tous droits réservés

PRÉFACE

Sous ce titre : *Trois Passions*, voici un essai de peinture de plusieurs grandes agitations de l'âme, telles que *le jeu, l'amour* et *la politique*. Écrites à différentes époques, les nouvelles que contient ce livre, sont la mise en scène de faits rapportés ou observés, provenant du milieu parisien et appartenant pour la plupart à la vie de notre temps. Elles forment une sorte de trilogie qui peut se traduire par l'amour de la *chose*, de la *personne*, de *l'idée*, amour qui dans les deux derniers récits s'épure et s'élève en raison du désintéressement et des sacrifices de l'être qui en est possédé. Grâce à ce court exposé de ses intentions, l'auteur espère être mieux compris du public. Puisse-t-il être accueilli favorablement sur un terrain où il ne s'est guère montré jusqu'ici et où tant de nombreux et merveilleux talents ont conquis une légitime renommée !

A. B...

Octobre 1867.

BEATA

BEATA

I

Il n'y avait guère plus de deux heures que les malades de Spa, les buveurs d'eau, les oisifs et les joueurs encombraient le salon de l'hôtel des Bains, lorsque la porte s'ouvrit à deux battants. Il en sortit d'abord une large bouffée de chaleur, un gros bruit de voix, l'éclair de mille bougies, puis un frac bleu à longues basques et collet rabattu, une culotte de peau jaune tachée de vin et de punch, des bottes à revers éperonnées et poudreuses, des mains ensevelies sous de fines manchettes de dentelles, des yeux étincelants de plaisir, un front perlé de sueur et vermillonné d'ivresse, une tête de vingt ans sous une neige de cheveux poudrés, un jeune homme enfin, ne regardant ni à droite ni à gauche, poussant, heurtant, bousculant et sautant sur les marches de l'escalier comme un chat amoureux.

— Monsieur, monsieur! vous laissez tomber vos gants, votre argent!

Voix perdues, peines inutiles, il est déjà loin, bien loin, hors de portée ; il a franchi l'escalier, le péristyle, la cour, les allées du jardin, la grille des bains, et il est allé respirer au fond d'une bonne chaise de poste qu'il a trouvée tout attelée et toute disposée à recevoir un voyageur qui n'est certainement pas lui. Qu'importe? Bast! fouette, postillon, et en route!

— Où allons-nous, monsieur?

— Où tu voudras.

— Mais, monsieur!...

— La première route venue, voilà cinq florins, ferme la portière, et à cheval !

Les roues baisent la terre, les chevaux la battent, le fouet crie, le postillon fume, et la chaise roule, par une belle nuit d'été qui commence, sur la route contraire à celle qu'elle devait parcourir... Au bout d'une longue demi-heure, l'homme à la grosse queue et aux petites cuisses descend de cheval, laisse la voiture gravir lentement une montée, secoue les cendres chaudes de sa pipe, la gorge de tabac, et ouvrant la bouche pour la première fois, se dit à lui-même, après trois aspirations de fumée et avec toute la vivacité flamande :

— Je crois bien qu'il est fou, ce jeune homme...

Oui, il est fou de joie, fou à lier, ivre, plus ivre cent fois qu'un jour de dimanche aux barrières, qu'un mousse anglais arrivant des Indes, qu'une femme du peuple revenant de la Grève. Il a joué, et il a gagné..., quinze mille florins courent la poste avec lui, il a de l'or partout, plein ses basques, plein ses goussets, plein l'oreille, plein la tête...

— Rouge passe, impair gagne, murmure-t-il du creux de sa voiture, malgré l'affreux grincement des roues, et les cahots qui le secouent de façon à lui couper la langue.

— Rouge passe, impair gagne... A moi! — Faites votre jeu, messieurs. — Rouge passe, impair gagne. — Encore à moi! — Rouge passe, impair gagne. — Toujours à moi... Et l'or s'entasse devant lui comme une montagne, et flamboie aux reflets des lumières comme un Vésuve allumé... Cette nuée de têtes étagées et pendantes autour de la table, cette foule de mains gravitant sans cesse du tapis à la poche, joueurs, spectateurs, tout disparaît; il ne voit qu'une chose, le tapis, qu'un homme, le banquier; il n'entend qu'un bruit, le roulement de la bille; il ne comprend que quatre mots, rouge passe, impair gagne; il n'a des mains que pour ramasser l'or qu'on lui jette, il n'a des sens que pour gagner... Il est dans le délire.

— Foin des gens qui fuient le jeu comme la morsure d'un chien! s'écrie-t-il... Foin des gens qui ne savent au monde que manger, dormir et faire l'amour!... ce sont des brutes... Oh! merci, merci cent fois, chers amis! vous qui m'avez dit : Joue et tu seras homme... merci, car mon premier florin m'a ramassé des tas d'or et de jouissances... enfin j'ai complété ma vie ; j'ai, grâce à vous, conquis mon dernier poil de barbe ; je connais à présent les myriades de sensations enfouies sous les trois lettres du mot JEU ! O sublime, sublime rouge ou noir ! gain ou perte, pas de milieu, vous êtes là suspendu, sans voix, sans haleine, prêt à monter au ciel ou à plonger dans l'abîme; vous avez la tête sur le billot, vous voyez le couperet au-dessus, et vous dites : Tombera-t-il ou ne tombera-t-il pas ? et cela, non pas une fois par hasard, mais soixante fois de suite dans une heure ; et cela pour un florin comme pour des millions, pour un liard comme pour un royaume. O jeu !... divine irritation de nerfs qui réchauffe le sang ; fièvre ardente que les forts dissimulent, mais qu'ils ressentent tous jusqu'à la pointe des cheveux ; passion qui vous prend l'homme à deux mains et qui vous le remue jusqu'à extinction de force ou de vie ; sinapisme énergique qui réveille les morts, et qui fait que le tronc humain le plus rongé de maladies et d'années, le corps le plus ridé, le plus jaune, le plus près de tomber en poussière, se ranime et se redresse, auprès d'une poignée de cartes, et bondit sous la pile galvanique d'un monceau d'or !... Non, baisers de vierge, étreinte de femme, ivresse de la scène, trépignements du parterre, hurlements du peuple, vous n'êtes auprès du jeu qu'un chatouillement insensible, un frôlement de pattes de mouches. Rien, rien au-dessus de rouge passe, impair gagne ; rien, si ce n'est la première passe à ce jeu terrible, cette roulette sanglante où le tapis est un champ de carnage, où les enjeux sont des têtes d'hommes, où la bille est de fer, et où le banquier c'est la mort ! Oui, lorsque après avoir tiré le canon, labouré des arpents de chair humaine, sur un sol pétri de sang, dans un air embaumé de poudre et sous une voûte de flammes et de fumée, après des heures d'angoisses et d'attente, vous pouvez dire : Enfin j'ai gagné, à moi la partie !... oui, là seulement il y a une volupté immense, supérieure à toutes les voluptés terrestres ; mais pour en porter le poids, il faut une organisation de fer, un crâne de Titan... Oh ! que n'ai-je eu assez de force !... Je me sentais ; j'aurais fait sauter la banque, j'aurais joué jour et nuit, toujours, ma vie, la terre, si elle avait pu trouver place sur la table ; j'aurais joué contre Dieu même, et j'aurais gagné... Mais le bonheur m'a brisé les nerfs au bout de trois heures, et je suis sorti... Ah ! povero... je ne suis qu'une femme, bonne à jouer aux jonchets avec ses petits enfants. Ah! rouge passe, impair gagne, tu m'as obéi comme un chien pendant trois heures, qui sait maintenant si je te retrouverai jamais?... j'étouffe!...

Et le voilà qui jette sa tête brûlante à la portière, le voilà puisant avec délices les fraîches ondulations de la brise...

Son cœur se dégonfle, ses artères battent moins vite, il respire; alors, comme un enfant qui déploie un rouleau de figures peintes, il s'amuse à voir galoper les formes sombres et fantastiques des arbres de la route; il voit courir des maisons, des plaines, des montagnes; des courants d'eau blanchis par la lune étincellent dans l'ombre et sillonnent ses yeux comme l'éclair; la lune elle-même, comme une vieille pièce d'or usée, lui montre sa mine jaune et blafarde; puis au milieu de la virginale poussière des étoiles, il cherche à distinguer la sienne; enfin il se replonge dans le coin de sa chaise, il étale ses jambes, passe la main dans son gilet et clôt les yeux...

Les sonnettes pendantes aux oreilles des chevaux, le roulement sourd et continu des roues,

le croassement aigu des ressorts de la voiture,
l'ont bientôt endormi. Mais sa pensée veille et s'égare dans un rêve bizarre : il est médecin... et vite,
on le vient querir, pour saigner une femme *in extremis* : c'est dans une rue borgne, une maison
chauve, un escalier décrépit, au cinquième étage,
chez une vieille fille ; là, à la maigre lueur d'une
chandelle coulante, il tire sa lancette et puise dans
une veine chétive une palette de sang. Une vieille
voisine arrive ensuite et lui apporte de quoi se laver
les mains, car il n'y a pas une goutte d'eau dans la
chambre ; pas un linge pour s'essuyer, il tire son
mouchoir qui lui sert de serviette ; puis il prend
son chapeau, mais la vieille fille se soulève, le rappelle, et lui remet, en reconnaissance de ses bons
soins, une petite boîte de trois pouces, entourée
d'un petit ruban rose passé. Il ouvre la boîte, et
il trouve au milieu d'une crèche de mousseline
jaune et usée, une grosse araignée noire, couchée
sur le dos, remuant avec ses longues pattes des
petits morceaux de papier sur lesquels sont inscrits des numéros... et au revers de la boîte il
lit écrit en bâtarde : *moyen infaillible de gagner
à la loterie ;* puis la vieille fille se recouche, crache

et meurt... Alors la voiture s'arrête, et le dormeur se réveille en sursaut avec la sueur froide et le tressaillement d'un homme qui a le couteau à la gorge ; une horrible pensée le saisit, celle d'être assassiné et volé, lui tout jeune et tout cousu d'or, sur une route et dans un pays qu'il ne connaît pas. Il se penche au carreau de la chaise, aperçoit une montagne, des arbres et l'entrée d'un village... trois bonds le mettent hors de la voiture, et le voilà sous le nez du postillon qui bat tranquillement le briquet, et qui est tout étonné de voir le voyageur si près de lui.

— Où sommes-nous?

— A la Sauvenière, monsieur.

— Connais-tu du monde ici?

— Oui, monsieur, pour votre service.

— Veux-tu gagner cinq florins?

— Oui, monsieur.

— Eh bien, un nom d'honnête homme?

— Un nom d'honnête homme? reprend le postillon étourdi de la demande.

— Oui, et du plus honnête...

— Eh bien, Franz Rasmann le Hongrois, je lui prêterais ma pipe et mon cheval.

— Tiens, voilà dix florins pour ton nom, reste ici et attends-moi ; et il disparaît.

Le postillon ébahi fait sonner les pièces d'or dans le creux de sa main et hausse le bras pour les glisser dans le gousset de son gilet... mais sa pipe tombe et se brise en morceaux sur les cailloux.

— Malheur ! malheur ! s'écrie-t-il amèrement et en branlant la tête, ma pipe est morte !... J'ai vendu le nom d'un honnête homme à un fou... Grand saint Joseph, ayez pitié de moi !... qui sait ce qu'il en adviendra !

II

Le soir, en été, quand le ciel a les pommettes rouges comme une jeune fille qui a chaud, si vous entrez dans un joli village des bords du Rhin au delà de la Suisse, vous entendez chanter toutes les portes; il y a là sur chaque seuil, comme oiseaux sur le bord de la branche, des groupes de voix argentines qui vous jettent en passant des bouffées d'harmonie... Ce ne sont, il est vrai, que valses, rondes, chansonnettes, trois ou quatre notes au plus, les airs les plus simples du monde ; mais vous donneriez pour cette mélodie les plus belles partitions, Glück, Mozart, et la meilleure prima donna de Saint-Charles et de la Scala, tant il y a dans les accords de ces jeunes chanteuses une fraîcheur et une pureté d'ensemble qui vous ravissent et vous émotionnent... C'est que vous êtes en Allemagne, sur un sol où l'instinct musical habite les lèvres les plus grossières et les moins habiles, et où la nature a voulu sans doute réparer les rigueurs du climat par le don d'une divine faculté. La musique, langage des âmes poétiques qui ne peuvent refléter leurs pensées par des mots, parole vive, féconde, immense, infinie comme l'âme, nuancée comme l'arc-en-ciel : la musique est la rose de la Germanie, c'est la fleur qui répand tant de poésie dans l'air pesant et glacial du Nord, et c'est avec son parfum que le pauvre Allemand, sombre et mélancolique, se crée un rayon de soleil au milieu de ses brouillards et se fait un peu de bleu dans le ciel...

> Mon amant est un cavalier ;
> Il fallait qu'il fût cavalier ;
> Le cheval est au roi,
>   Mais l'homme est à moi,
>   Mais l'homme....

— Jésus, mon Dieu !

La chanteuse, interrompue dans son refrain, jeta un léger cri, et fit un bond en arrière... Elle avait la main prise et serrée dans celle d'un jeune homme.

— Ma jolie fauvette, est-ce ici que demeure Franz Rasmann ?

— Ici même, monsieur ; entrez.

La jeune fille, revenue de sa peur, saute comme une petite chèvre, et poussant la porte, elle se remet à chanter d'une voix légère :

> Mon amant est un cavalier ;
> Il fallait qu'il fût cavalier ;
> Le cheval est au roi,
>   Mais l'homme est à moi ;
>   Oui, l'homme est à moi !

III

Une salle basse et enfumée, de vieux cadres, de vieux portraits, de grands rideaux de samis rouge, une fenêtre à verres croisés, un peu ouverte, et tout encadrée de plantes grimpantes, de vignes vierges et de pois de senteur; une table revêtue d'un gros tapis, des chaises, un poêle dans un coin, une horloge de bois dans un autre; sur la table, une lampe allumée, une Bible ouverte, des lunettes posées en travers, des piles d'or renversées, une jeune fille qui compte, un jeune homme qui regarde... L'horloge sonne dix heures.

— Allons, puisque mon père me laisse toute la besogne, je vais compter les florins. — Un, deux, trois, quatre, cinq, six, sept, huit, neuf, dix, onze... — Ce n'est pas cela, je vais recommencer. — Un, deux, trois, quatre, cinq, six... — Ma foi, je ne puis aller plus loin!

— Pourquoi, mademoiselle?

— Parce que vous me faites tromper avec vos yeux.

— Comment?

— Vous me regardez trop.

— Qu'à cela ne tienne : vous ne me verrez plus.

— Vous vous en allez?

— Non, je m'asseois derrière vous, voulez-vous mon genou pour chaise et mon bras pour dossier?

— Je le veux bien, mais à une condition.

— Tout ce qu'il vous plaira.

— C'est que vous ne me toucherez pas, car je suis très-chatouilleuse et rieuse.

— Soit.

— Une, deux, trois, quatre, cinq, six... Comme ils sont brillants, vos beaux florins!

— C'est vrai, mais ils vont salir vos jolis doigts.

— Je vais prendre mes gants.

— Ne vous dérangez pas! voici les miens.

— Ils ne m'iront pas.

— Peut-être?

— Oh! quelle petite main, est-ce bien la vôtre?

— Regardez, mesurez-la vous-même.

— Non, j'ai honte.

— Coquette, j'ai la main si faible qu'un enfant la briserait.

— Vraiment, monsieur !

— Essayez, mettez vos doigts entre les miens.

— Oh ! si je pouvais faire crier un homme.

— Quel bonheur, n'est-ce pas? Vous êtes méchante !

— Un peu.

— Quelles peines ces pauvres hommes vous ont-ils faites pour tant leur en vouloir?

— Aucunes, c'est par instinct ou par pressentiment.

— Avez-vous jamais aimé?

— Beaucoup !... cela vous étonne?

— Vous êtes si enfant !

— Les femmes ne le sont jamais pour aimer.

— Vous êtes charmante.

— Non, je suis folle.

— Folle à rendre fou, folle que j'aime.

— Vous voulez bien le dire.

— Mais je le pense.

— Comment se peut-il? vous ne savez pas mon nom?

— Qu'importe le nom quand je vous vois?

— Le nom fait beaucoup pour aimer.

— Le nom ! c'est si peu de chose.

— C'est justement pour cela.

— Je ne conçois pas...

— Sans doute, vous n'êtes pas femme.

— O rieuse, vous vous moquez.

— Cela se peut, mais nous ne comptons pas les florins. Savez-vous, monsieur, que si je vais de ce train-là... je n'aurai pas fini demain?...

— Plaise à Dieu ! ma belle.

— Du tout, monsieur, je veux m'aller coucher; allons, laissez-moi compter.

— Tout ce qu'il vous plaira; mais auparavant j'ai un autre conte à vous faire.

— Je ne comprends pas.

— Je n'y pensais plus, vous êtes Allemande...

— Hongroise, s'il vous plaît, monsieur.

— N'importe, c'est un mauvais jeu de mots ; je voulais dire...

— Je vous écoute.

— Je voulais vous dire que je vous aime.

— Vraiment ! vous ne m'avez vue que la nuit.

— Qu'est-ce que cela fait ?

— Eh bien, si j'avais la peau noire?...

— Impossible, vous êtes blonde.

— Si j'étais contrefaite ?

— Mon bras le saurait.

— Si j'avais des yeux verts ?

— Vous ne le diriez pas — pas plus que si vous m'aimiez.

— C'est ce qui vous trompe.

— Eh bien, puisque vous êtes si franche, m'aimez-vous ?

— Non !

— Et pourquoi ?

— Parce que — bien des choses.

— Mais encore ?

— Parce que d'abord vous êtes un comte, et que je ne suis qu'une petite campagnarde.

— Si ce n'est que cela, je donnerais un monde de florins et de titres, rien que pour le baume de vos cheveux, et puis ?

— Parce que j'ai là quelque chose qui m'empêche de vous aimer.

— Le cœur ?

— Non vraiment, mais un petit papier.

— Un talisman peut-être ?

— Non, monsieur, un papier où j'ai griffonné mon idéal, celui que j'ai rêvé.

— Quelle folie !

— Moquez-vous bien, vous aurez beau rire, mais ce n'est pas vous.

— Et ce n'est pas moi, pas la moindre chose de moi ?

— Pas un cheveu ; il est brun, et vous, vous êtes tout blanc poudré; il se nomme Henri, et vous vous nommez Otto. — Le vilain nom !

— O mauvaise ! — Mais si par hasard je m'appelais Henri, si j'avais les cheveux noirs et les yeux bruns, m'aimeriez-vous ?

— Alors, alors je m'en garderais bien.

— Et pourquoi ?

— Toujours pourquoi ! Eh bien, parce que vous joueriez avec moi comme le chat avec la souris.

— En vérité, je vous croquerais ! (Il l'embrasse.)

— O mon père, mon père !

— Chère enfant...

Un grand silence... La lampe est morte, la lune jette à travers la croisée trois fleurettes blanches sur le carreau, puis l'horloge sonne minuit. La jeune fille couchée rêve sans dormir Quant au jeune fou, il roule en chaise de poste sur le chemin de Spa, et il rentre à l'hôtel à deux heures du matin, sans argent, sans même le reçu que lui a signé le vieux Hongrois, mais content, mais impatient de revenir le lendemain à la Sauvenière. — Le lendemain il avait repris la route de Paris, on lui avait remis une lettre venant de France : sa mère était mourante.

IV

Paris, en 1780, était ce qu'il est encore aujourd'hui, la solfatare du monde civilisé, la Babel de l'Europe, une fournaise d'intelligences fortes et neuves, en ébullition constante, un pandémonium de philosophes, d'économistes, de bavards et d'écrivassiers, un gouffre où s'enrôlait la bande noire des démolisseurs de trônes et d'autels : Paris enfin était un géant couché dans la fange, écrasé sous une montagne de pierres, mais prêt à secouer le monde du moindre de ses mouvements..... Et cependant on y dansait avec autant de ferveur qu'aujourd'hui, seulement on y dansait en culottes et en paniers, avec des mouches et de la poudre, ce qui n'empêchait pas mademoiselle Arnould d'être l'homme d'esprit le plus aimable et le plus impertinent de son siècle ; M. de Mirabeau, le plus éloquent polisson qui ait mis à mal une femme et une monarchie ; et la douce, la fraîche Lamballe, la fleur la plus blanche qu'on ait vue s'épanouir dans une fontange, et que la pique d'un sans-culotte devait, hélas ! teindre en rouge...

On dansait donc à Paris, au faubourg Saint-Germain, rue de Varennes, chez une douairière qui mariait sa fille : c'était bal de noces — grand gala, buffets chargés à triple étage, vastes salons, peintures à la Boucher, une platée de marquises, une tourbe de comtes, une forêt d'épées, une pluie de cordons bleus, une grêle de talons rouges, des chaconnes, des menuets, du biribi, du pharaon, force argent, force esprit, force insolence. La petite, la toute belle, la mariée, en un mot, était une pauvre jeune fille bien gauche, bien innocente, sentant encore la guimpe, et qu'on avait tirée du couvent pour la farder comme une vieille, et pour la monter comme une perle sur un corps à long buste, et sur huit ou dix aunes de paniers ; néanmoins elle était jolie, un peu pâlotte malgré son rouge et ses dix-huit ans, et fort convenablement née. Elle portait d'or à la vivre d'azur, mise en bande par aucuns d'or à la bande vivrée d'azur... tout ce qu'il y a de plus inusité et d'indéchiffrable en matière blasonique, le tout avec une couronne comtale et deux cent mille livres de dot : c'était une Labaume-Maurevert. Quant au mari, l'on disait par le monde qu'il avait plus d'aïeux que d'écus, qu'il ne prenait femme qu'afin de rétablir la balance ; car des femmes il n'aimait que la peau... encore fallait-il qu'elle fût douce et blanche. Pour le cœur, il ne s'en souciait pas plus que d'une pelure d'orange ou d'un zeste de noix ; il avait coutume de dire que le bien qu'on tire d'elles ne vaut pas le mal qu'elles nous font, et que d'ailleurs il y a toujours à perdre avec elles : son temps, lorsqu'elles vous aiment par vanité, de l'argent, lorsqu'elles vous prennent par intérêt, et la santé lorsqu'elles vous enchaînent par amour. Ce n'est pas qu'il en eût connu des milliers, mais une ou deux bien étudiées, bien retournées, lui avaient donné plus de lumières sur ce chapitre que la possession d'un harem.

C'était au demeurant un très-joli garçon, point scrupuleux et fort original ; un homme à donner vingt Parisiennes pour un cheval anglais, et toute la littérature du dix-huitième siècle pour trois vers inconnus d'un ami des MM. de Pange. Ce soir-là, il dansait peu et jouait beaucoup. Or, tandis que sa femme passait de mains en mains, chassait, croisait, tournait, sautait à en perdre le souffle et ses jarretières, monsieur faisait rouler l'or à pleines poignées sur une table de pharaon.

Enfin, vers minuit, la mariée se retira dans son appartement avec sa mère et ses femmes. Après elle, la place resta longtemps encore à une douzaine de jeunes gaillardes, qui en auraient pris jusque sur l'autel, et qui dansèrent jusqu'à pamoison ; mais la fatigue vint bientôt balayer ce reste de danseurs et de danseuses. Tout disparut, orchestre et lumières. Les joueurs eux-mêmes, race d'ordinaire inamovible et tenace, désertèrent peu à peu les rangs, ils se démolirent un à un, et quittèrent tous le salon, tous... excepté deux, et ces deux-là... ils ne jouaient pas aux cartes en partie, ils jouaient aux dés, au plus haut point : ils voulaient aller vite.

— Ma foi, saute, comtesse, et toute la dot. — Mille louis, marquis ?

— Je le veux bien, jette le cornet : — trois, cinq ; perdu.

— Deux mille louis ?

— Deux, six ; perdu.

— Dix mille, marquis ?

— As, cinq ; perdu. Voilà deux cent mille livres.

— Deux cent mille livres !

— Tu n'as plus rien ?

— Non !

— Alors, bonsoir.

— Écoute, marquis, voilà qui vaut quinze mille florins. (Il tire de son cou une tresse de cheveux blonds, noués avec un petit ruban bleu, et il la jette sur la table.)

— Es-tu fou, une tresse de cheveux !

— C'est quinze mille florins, te dis-je, je t'en donne ma parole d'honneur ; c'est meilleur qu'un bon de la Ferme.

— Allons, je le veux bien. — Quatre, six ; perdu.

— Encore... mille tonnerres !

— Plus rien ?

— Rien...

— Tarare, tu joues de malheur ; mais je ne veux pas de ta nouvelle monnaie, je t'en fais cadeau. — Au revoir, Otto.

— Bonsoir.

Le comte resta foudroyé dans son fauteuil, les yeux fixés sur la tresse de cheveux, qui venait de tomber, et les deux mains collées à son front.

Le marquis frisota son jabot chiffonné, tira ses manchettes, et passant la main dans ses cheveux, fit une pirouette sur le talon ; puis il s'éloigna en chantant entre ses dents un noël du dernier règne :

> De Jésus la naissance
> Fait grand bruit à la cour,
> Louis en diligence
> Vient trouver Pompadour.
> « Allons voir cet enfant,
> Lui dit-il, ma mignonne. »
> Mais la marquise dit au roi :
> « Qu'on l'amène tantôt chez moi,
> Je ne vais chez personne. »

V

A peine l'heureux joueur avait-il quitté la porte, qu'une vieille figure, couverte d'un pied de rouge et surmontée d'un énorme catogan, se suspendit à l'épaule du perdant, et lui coulant dans l'oreille quelques fadeurs, lui rappela qu'il se faisait tard, et qu'il était marié... Ce souvenir l'impatienta vivement ; il se leva et se laissa conduire où d'autres s'élancent avec transport et le frémissement de la joie. Il entra chez sa femme pâle et froid comme un marbre, comme la statue du Commandeur chez don Giovanni. — Il se trouva au milieu du plus élégant boudoir, sur un beau tapis de Perse, avec des fleurs, des Chinois, du silence, une douce et molle clarté, et une odeur féminine qui s'épanchait dans tous les coins de la chambre ; une robe de satin à fleurs bleues, de la gaze, des dentelles, pendaient négligemment sur le dos d'un sopha, le lit entr'ouvert était vierge encore ; la mariée dormait auprès dans une bergère.

C'était une de ces ravissantes figures comme il en échappait souvent au pinceau suave et coloré de Watteau, une de ces mille et une animations féminines qui n'appartenaient qu'à lui seul, et qu'il savait coucher avec tant de grâce sous une douce feuillée, ou promener si légèrement sur la terrasse d'un beau jardin ; une charmante petite frimousse au teint de rose et de lait, au sourire fin et voltigeant comme l'abeille, aux soyeux cheveux blonds retroussés, au collier de ruban noir, et aux formes délicates, et nageant dans une grande baigneuse ondoyante, comme la vapeur ; une enfant qui dormait de bien bon cœur, et avec tout le calme d'une recluse. Madame sa mère et une foule d'amies complaisantes et expérimentées avaient eu beau lui dire : Vous êtes sur les limites d'une existence nouvelle, vous allez puiser une source d'émotions inconnues, ouvrez bien les yeux ; malgré sa curiosité de jeune fille, et son impatience de femme, bien que le cœur lui battît de crainte et de désir, la fatigue du bal, la lassitude de la danse, l'avaient emporté sur toutes les autres sensations ; elle avait penché sa tête, et livré ses yeux au sommeil. Sa joue, appuyée sur son bras, gardait un petit air boudeur qui lui seyait à merveille ; son autre main pendante froissait encore par intervalle les feuilles d'une rose tombée de ses cheveux, et un de ses jolis pieds, sorti de sa pantoufle, battait doucement les bords du fauteuil, et semblait répéter en dormant la mesure d'une gavotte ou d'une sarabande.

Otto ne put faire autrement que de la regarder, tant elle était gracieuse et au naturel ; il la contempla longtemps, bien longtemps, d'abord, comme une belle chose qui prend et captive les yeux, par cela seul qu'elle est belle, ensuite comme une douce lueur qui venait un moment éclairer le noir de ses idées, comme un ange qui passait dans l'enfer de son âme ; puis à force de la regarder, à force de penser à tant de jeunesse, de bonheur et de beauté, il se sentit venir au cœur ce qu'il n'avait jamais éprouvé, un froid glacial, et qui le fit claquer des dents ; une espèce de remords, ce qui lui parut très-bouffon, et ce qui le fit rire. Mais le sérieux lui remonta bien vite au visage ; alors comme une bête fauve dans sa loge,

la tête pendante et l'œil hagard, il se mit à arpenter la chambre à grands pas, et de long en large ; et toutes les fois, en passant, qu'il heurtait du pied le fauteuil où reposait sa femme, un saisissement rapide, un frisson magnétique lui chagrinait la peau . . . .
. . . . « Pas un sou, disait-il à voix basse ; pas un sou, ruiné, rongé jusqu'à l'os, plus rien..., et de la misère, de la misère pour deux, pour trois, pour quatre..., car la misère est prolifique en diable ; de la misère... impossible ! » Il y avait une carafe pleine d'eau sur la cheminée ; Otto la prit, et l'aspirant avec énergie, il la vida d'une seule haleine, tant il avait soif... ; il recommença ses grands pas, et se remit à tourner autour de la chambre en répétant toujours sourdement : « De la misère, de la misère..... pouah !... » Or rien n'est mauvais comme de tourner ; le loup tourne, la sorcière tourne, l'aigle tourne ; tourner appelle le mal ; l'enfer vient en tournant. Plus le comte ajoutait de pas et nouait de cercles, plus sa tête échauffée s'égarait ; il allait, il allait comme une jeune fille qui se laisse emporter au courant d'une valse, comme un enfant qui

marche dans le brouillard ou le vertige... Ses yeux étaient blancs, ses lèvres blanches, et ses joues livides ; il vomissait de sa bouche une foule de paroles sourdes et inarticulées, et tout son corps tremblait. Tantôt de ses deux mains, il froissait et retournait autour de son cou la tresse de cheveux qu'il avait arrachée de son sein et jouée dans sa frénésie, comme une poignée d'or ; tantôt il saisissait à la garde son épée, et la tirant à demi du fourreau, il semblait vouloir l'employer à quelque horrible dessein ; il ouvrait la fenêtre, et regardait au bas ; il paraissait irrésolu, incertain du choix, et comme calculant les chances de mort plus ou moins prompte ; puis il reprenait sa course. Mais la mort était toujours dans ses yeux, ses gestes et sa pensée. Enfin, il s'arrêta halètant, et n'en pouvant plus, pour contempler les traits calmes et purs de sa jeune épouse. La pauvre fille, si le sommeil l'avait abandonnée dans ce moment, si ses yeux avaient contemplé cette figure enlaidie et tirée par le désespoir, elle en serait morte de peur ; mais elle ne se réveilla pas, et son mari la levant sur ses deux bras, courut, au bord de la fenêtre, la suspendre au-dessus d'un abîme de trente pieds. — La fenêtre donnait sur la rue. — Personne, et tout pavé.—Il mit un pied sur le balcon, regarda sa dormeuse, et s'écria : « Allons, d'une pierre deux coups... » Mais dans ce moment l'horloge des Missions sonna quatre heures. On était encore en été, le soleil couvrait le ciel de barres blanches et jaunes, un air frais et l'impression du vent réveillèrent l'enfant ; elle ouvrit deux grands yeux bleus, jeta ses bras comme une chaîne autour du cou de son mari, et approcha sa joue si près des lèvres d'Otto, que... l'infâme aima mieux vivre, et le mariage fut consommé...

VI

Une fin d'automne est triste : nature qui vous fait tant de bien au printemps, qui vous éclaircit l'âme comme le ciel, et qui du moindre buisson vous jette un sourire ; nature en novembre vous contriste et vous désole ; le ciel est terne, les feuilles sont jaunes, les arbres noirs; il fait froid, l'âme frissonne au-dedans du corps, et les idées de mort vous tombent des arbres avec les feuilles. Enfin l'on a besoin de rencontrer des gens qui marchent, qui remuent, qui parlent, qui se portent bien; du mouvement, de l'action, pour croire à la vie. C'est surtout dans un pays de montagnes et peu habité que ce déclin de l'année impressionne péniblement : là, tout contribue à la tristesse, de grandes masses noires, immobiles comme des tombes, un jour qui filtre avec peine à travers leurs croupes rases et pelées, et nul être vivant, si ce n'est une vache, une chèvre, qui pendent aux flancs d'un coteau; aussi le séjour des eaux, si ravissant et si frais l'été dans la montagne, devient-il un désert et une solitude affreuse au commencement de la mauvaise saison. C'était donc par une fin d'automne bien triste qu'une petite carriole d'osier, attelée d'un petit cheval maigre, roulait sur la route de Spa à Malmédy.

L'intérieur de la voiture était composé du conducteur, maître de la carriole, et de deux voyageurs : le plus jeune occupait le fond, assis sur des paquets, emmailloté dans un manteau, et le chapeau sur le nez ; le plus âgé partageait la banquette du cocher : c'était un gros Allemand, frais, taciturne et grand fumeur. A une petite lieue de la ville, ce brave homme tira sa blague, bourra sa pipe et battit le briquet ; alors ses joues devinrent un volcan et laissèrent échapper des flots de fumée, capable d'asphyxier un monde. Son compagnon de droite n'eut pas plutôt senti l'odeur du tabac, qu'il tira de sa poche un grand tuyau de pipe, en corne, et dépourvu de cheminée. Alors sans s'inquiéter, et comme s'il eût tenu entre les dents le plus beau houka de l'Inde, la plus belle écume de mer chargée du meilleur saint-vincent, il se mit à sucer gravement le morceau de corne, à gonfler sa joue et à cracher de temps à autre, comme un véritable fumeur. Grande fut la surprise du voyageur, mais en sa qualité d'Allemand, il laissa couler quelques minutes avant de faire paraître son étonnement ; il attendait toujours une cheminée au-bout de la pipe, du tabac et l'étincelle du briquet ; point, rien n'arrivait.— L'autre fouettait toujours son petit cheval maigre, et fumait toujours son morceau de corne.—Enfin, impatienté de voir un homme fumer sans pipe, il ouvrit largement la bouche, et s'écria d'un ton de colère :

—Sacremann ! garçon, as-tu le diable au corps?

—Vous l'avez dit, reprit le conducteur.

L'Allemand, stupéfait de cette réponse, devint tout rouge; il resta muet, et puis il fit un signe de croix, car il était bon chrétien, bon catholique, quoique natif de la ville d'Augsbourg.

— Le diable! le diable! reprit-il...

— Oui, monsieur, le diable lui-même; j'ai eu le malheur d'être son postillon une fois en ma vie; j'ai brisé à son service la meilleure pipe que l'on eût encore fabriquée, et depuis ce jour je suce un morceau de corne ou de sureau, afin de ne pas perdre l'habitude de toute mon existence, et d'empêcher mes lèvres de se refermer l'une sur l'autre, comme le couvercle d'une tabatière... — Ohé! ohé! oh! dia, dià!

— Le diable, le diable! continua le gros Allemand.

— Oui, mein herr, lui-même en chair et en os. Un beau jeune homme, ma foi, tout frisé, blanc poudré, cousu d'or, et de belles paroles, un mauvais garnement, un Français enfin... C'était bien le diable, car il m'a volé un nom d'honnête homme pour dix florins; il a perdu une jeune fille, et ruiné un brave militaire, le vieux Rasmann le Hongrois... Il y a bientôt deux ans de cela... Ah! il m'en souviendra longtemps, toute ma vie... rien que d'y penser, j'en ai les larmes aux yeux... Ohé! ohé! oh! oh!

— Prends-y garde, mon garçon, ton cheval fait un faux pas ; prends garde de verser...

— Ohé! ohé! ce n'est rien; allons, Saxon mon ami, du courage, nous voilà bientôt arrivés... Ce pauvre monsieur Rasmann, ruiné, entièrement ruiné, et obligé d'aller habiter une misérable chaumière hors du village, bien loin de la Sauvenière, lui qui était riche, content, heureux, lui qui avait une si belle et bonne jeune fille!... et dire que c'est par ma faute... parce que j'ai conduit le diable une fois, une seule fois... Ah! c'est vraiment à fendre le cœur d'un homme qui a un peu de conscience... Grand saint Joseph, ayez pitié de moi!...

— Vraiment, mon garçon, si tu continues, je vais pleurer avec toi... Mais dis-moi donc, comment le diable...?

— O monsieur, c'est une histoire trop malheureuse et trop longue à raconter... J'ai juré depuis le jour fatal de ne plus fumer et de n'en souffler mot... Aussi bien nous voilà dans le village, le pavé sonne sous le sabot du cheval, et les lumières étincellent comme des étoiles... Allons, allons, Saxon mon ami, arrêtons-nous; oh! oh! oh! oh! pas plus loin, c'est ici qu'est l'avoine.

Le cheval s'arrêta, la carriole craqua sur ses fondements d'osier, et de son gouffre de toile cirée, sortirent le conducteur, l'Allemand et le jeune homme au manteau. Les deux voyageurs payèrent silencieusement le prix du voyage, et se séparèrent l'un de l'autre. Le premier dirigea ses pas vers un mauvais cabaret, décoré, pour enseigne, d'une branche de pin toute jaune et à demi dépouillée. Le second resta à la tête du cheval, et tandis que le conducteur rattachait la boucle de la sous-ventrière de la bête, il lui adressa quelques mots du fond de son manteau.

— C'est ici la Sauvenière, brave homme?

— Oui, monsieur.

— Restes-tu ici longtemps?

— Oui, monsieur, jusqu'à demain.

— Eh bien, si tu veux me ramener à Spa, tiens-toi prêt de bon matin.

— Oui, monsieur.

— Voilà pour boire à ma santé.

Le jeune homme laissa tomber dans la main du conducteur un thaler.

— C'est tout ce que je puis.

— Vous êtes bien bon, monsieur ; à demain, devant le cabaret ; à demain, monsieur.

Le jeune homme disparut, et le vieux conducteur le regarda longtemps, comme frappé d'une idée qui repasse dans la tête, d'un souvenir qui revient ; il lui semblait avoir entendu autrefois un son de voix pareil ; il croyait avoir vu une taille semblable, et deux yeux aussi flamboyants se reposer sur son visage ; il chercha longtemps les traces de ce souvenir dans les cases de sa mémoire ; mais ne pouvant pas les trouver, il examina son thaler, serra son tuyau de pipe, et mit son cheval à l'écurie.

VII

Otto, car c'était lui qui venait d'arriver à la Sauvenière, dans une mince carriole, Otto ne fut pas longtemps sans trouver la chaumière du vieux Hongrois ; à une portée de fusil du village, il découvrit, au milieu d'un petit bouquet de pâles bouleaux, et sur le bord d'un ruisseau rapide, un bâtiment assez vaste, au dos duquel était appendu, comme un nid d'hirondelle au flanc d'un mur, un long toit de sapin qui descendait jusqu'à terre, ce toit cachait à demi une ou deux croisées à travers lesquelles filtrait une faible lueur rouge. Ce fut vers ce hangar, cette chétive maison, que le comte dirigea ses pas.

La porte était ouverte, il entra dans une salle basse et humide. D'abord il ne vit rien ; mais bientôt, à l'aide de plusieurs charbons qui éclairaient encore l'âtre, et à force de rester dans l'obscurité, ses yeux, comme s'il eût été au fond d'une cave ou d'une prison, percèrent peu à peu l'ombre épaisse, et finirent par distinguer, au coin de la cheminée, un vieillard à moitié perdu dans un grand fauteuil de chêne. Son front, chauve et poli comme un genou de femme, luisait à la lumière du feu ; ses bras, agités par un mouvement régulier, allaient et venaient en harmonie avec son pied. On aurait dit qu'il jouait d'un instrument et qu'il battait la mesure ; il filait tout simplement, il filait une grosse quenouille de lin, sans s'apercevoir le moins du monde qu'il venait d'entrer quelqu'un. Un ouvrage de femme dans une main d'homme est presque toujours un signe de décrépitude ou d'imbécillité ! Otto, tout préoccupé qu'il était, ne put s'empêcher d'y réfléchir pendant une ou deux minutes ; il resta là, devant ce vieux fileur, les bras croisés et l'œil tendu, comme un voyageur près d'une ruine ; il pensait aux ravages du temps, il avait peine à concevoir que ce corps d'homme, si ferme et si robuste autrefois, vacillât maintenant comme une vieille lampe sans lumière ; que ces genoux vigoureux, qui avaient poussé un cheval au milieu d'une mêlée, fussent si chétifs et si retirés ; que cette main, si bonne à manier un sabre, eût tout au plus la force de soutenir un fuseau ; enfin, que toute la pensée d'un homme fût réduite au mouvement d'un rouet.

O décrépitude, ô vieillesse malheureuse ! que la mort est belle et désirable quand l'âme est ferme et le corps droit ! qu'il est beau de tomber jeune et dans toute sa force !

Otto s'approcha du fileur, et tirant son chapeau :

— Monsieur Rasmann, j'ai l'honneur de vous saluer.

Le bonhomme ne répondit pas, et continua d'agiter son rouet.

— Est-ce à monsieur Franz Rasmann que j'ai l'honneur de parler ? cria-t-il plus fort.

Le bonhomme s'arrêta enfin, et le regarda.

— Je ne crois pas, monsieur, que vous puissiez me reconnaître, car il y a fort longtemps que vous ne m'avez vu ; mais mon nom peut-être...

Le bonhomme se leva, fit un léger salut et se rassit.

— Je suis le comte Otto.

Le vieillard haussa son front, leva la tête, et répéta lentement : le comte Otto !... puis il regarda une seconde fois l'étranger, se mit à trembler de tous les membres comme un fiévreux, et les mains pendantes, les yeux hagards, il laissa tomber sa quenouille par terre. Aussitôt la salle fut éclairée d'une lueur subite ; une jeune femme apparut un bougeoir à la main, entre l'étranger et le vieillard.

— Mon père, allez vous coucher !

Ces paroles semblèrent produire sur lui un effet magnétique. L'obéissance d'un chien au maître qu'il redoute et qu'il aime n'est pas plus prompte et plus spontanée que celle de ce vieux père à son enfant.

Il se leva sans mot dire de son grand fauteuil, abandonna son travail, et comme un marmot qui cède à la voix de sa mère, il s'en alla, deçà, delà, piétinant, heurtant les murs, et sans penser une seule fois à retourner la tête. Il ouvrit une porte et disparut.

La jeune femme resta dans la même posture, debout, immobile, les bras appuyés sur le dos du fauteuil, et les yeux fixés sur les pas de son père ; le mouvement précipité de sa gorge, le va-et-vient de sa collerette à demi flottante décelaient son trouble et son émotion.

Quand aucun bruit ne s'entendit plus, elle s'écria d'une voix faible et altérée :

— Est-ce bien vous, monsieur?

Le comte ne répondit point, il secoua son chapeau humide de la brume du soir, essuya son front baigné de sueur, et s'approcha du feu.

— Est-ce bien vous, monsieur? oh! que vous venez tard !

— C'est vrai, mademoiselle, je viens bien tard, peut-être trop tard.

— O monsieur le comte, non, non, ne le croyez pas.

Et aussitôt, ouvrant le fichu qui couvrait sa poitrine, elle en tira un petit morceau de papier plié qu'elle présenta au nouveau venu, en ajoutant avec une sorte de fierté :

— Voilà le reçu que mon père vous a fait de vos quinze mille florins, le voilà tel que vous l'avez laissé... il ne m'a jamais quitté — et demain, monsieur... demain...

Elle n'acheva pas, tant sa voix tremblait. L'effort qu'elle avait fait pour maîtriser son émotion, le ton qu'elle avait pris pour se délivrer de son père, ces nouvelles paroles, la présence du comte, tant de coups portés à la fois suffisaient pour ébranler les nerfs d'une pauvre fille ; aussi ses genoux plièrent, et elle se laissa tomber dans le fauteuil qui était placé devant la cheminée. Otto, la voyant chanceler, s'était élancé vers elle, il l'avait soutenue dans ses bras, il s'était assis auprès sur une mauvaise chaise. Aussitôt qu'elle eut repris ses sens, elle se mit à regarder son amant avec une joie toute céleste; il semblait qu'elle n'avait pas assez d'yeux pour le contempler, pas assez d'oreilles pour l'entendre; elle ne s'en lassait pas, et prenant ses deux mains, elle les portait à ses lèvres et les baisait comme une folle.

— O Henri, s'écriait-elle, que vous avez tardé à venir! que d'heures de peines et d'angoisses j'ai passées en votre absence! Comme j'ai compté les minutes depuis le jour où vous m'avez quittée! trois années! trois années entières à écouter le bruit de vos pas, que c'est triste et long pour une fille comme moi, faible et seule avec un vieillard au milieu des montagnes! Aussi je n'ai plus paru une seule fois aux kermesses, je n'ai plus dansé, je n'ai plus chanté comme avant, j'étais toujours à la fenêtre ou sur le pas de la porte ; je voulais travailler et ne faisais rien, j'attendais et vous ne veniez pas... Les hommes sont cruels, n'est-ce pas? bien cruels!

Otto avait retiré ses mains des lèvres de la petite Hongroise, et la regardait sans répondre.

— Vous me regardez, ô mon bien-aimé; hélas! je ne suis plus qu'une mendiante. La fièvre a pris toute la chair de mes os, le vent du nord a terni la belle couleur de mes joues. L'aubépine de mai ne sera plus jalouse, je ne suis plus blanche et rose comme elle, je ne suis plus la fauvette que vous avez surprise un soir chantant au bord de son nid. — Ce pauvre cœur, vous l'avez rempli d'amour, vous l'avez inondé comme une petite fleur des champs à la première goutte d'eau qui tombe du ciel, et il s'est brisé. Oh! je ne suis plus qu'une ombre maintenant, voyez mes bras comme ils sont frêles! ma poitrine, comme elle est maigre! Maintenant, c'est à faire peur, j'ai tant souffert!

— Pauvre fille!

— Oh! oui, vous dites vrai, en m'appelant pauvre et misérable, car on ne peut l'être plus que moi, et mon père. Il est dur, quand on a été élevé dans l'aisance, de tomber dans le besoin, il est affreux de passer sa vie à coudre et à filer, et pourquoi? pour gagner à peine de quoi vivre. Que voulez-vous? le malheur est entré dans notre maison comme un soldat; il a tout pillé, tout saccagé. Mon père a été traîné deux fois en prison, et là je l'ai suivi, j'ai partagé son pain noir. Lorsque nous en sommes sortis, l'on m'a traitée d'enfant illégitime, l'on a voulu m'enlever des bras de mon père; alors, il a été obligé de donner de l'argent. Il en a tant donné, qu'il a fallu quitter notre maison de la Sauvenière et venir nous loger ici, dans cette triste masure, où nous vivons comme nous pouvons tous les deux, et où il y a des jours où nous manquons presque de tout.

— Est-il possible?

— C'est la vérité, reprit Beata, c'est la pure vérité, et il suffit de jeter les yeux dans l'intérieur de cette chambre, et sur la nudité des murs, pour voir que je ne mens pas; et pourtant, Henri, j'étais destinée à un meilleur sort, à porter, comme vous, de fines mousselines et de belles dentelles; j'étais faite pour être grande dame, car ma mère descendait d'une noble famille de Presbourg. A

Spa, la maison qu'elle habita durant le temps qu'elle prit les eaux, et dans laquelle je vins au monde, porte encore, à l'entrée, un tableau peint de barres noires et jaunes, avec une belle couronne d'or. Je n'ai pas vu longtemps ma mère, elle mourut que j'étais toute petite, Henri, toute petite... Je m'en souviens à peine; ce que je n'ai pas oublié, c'est qu'elle m'appelait Beata, sa jolie Beata; — cela veut dire heureuse en latin; — vous le savez, Henri, les Hongrois parlent cette langue comme l'allemand : mon père m'en avait appris quelques mots autrefois, mais ils sont sortis de ma tête. Depuis trois ans surtout, je ne sais plus distinguer une lettre d'une autre; je n'ai pas même ouvert ma Bible, et c'est un grand péché : aussi Dieu devait me punir cruellement. Pourtant je ne me plains pas, oh! non, je ne me plains pas, Dieu m'a ramené celui que j'aimais et que j'aime plus que ma vie.

Et en parlant ainsi, elle se jeta au cou de son amant.

Il y avait de la confusion dans la tête de cette douce enfant, mais à travers ce chaos d'idées on sentait percer une chaleur d'âme qui aurait attendri le cœur le plus dur. D'ailleurs il fallait s'attendre à tout, à ce déluge de paroles et à cette exaltation de pensées. Quand le cœur a été longtemps comprimé, il faut qu'il se dilate; chez les femmes surtout, l'épanchement est nécessaire, il se fait toujours par les lèvres ou par les yeux. Otto n'avait jamais attaché grande importance à la conquête de cette jeune fille; il avait considéré sa liaison avec elle comme une affaire de sens, comme une aventure de montagne, une heureuse fortune qui peut arriver à tout homme bien tourné, et que l'on est sot de laisser échapper, mais qu'il ne faut pas prendre au sérieux et tenir pour un engagement véritable. Évidemment il s'était trompé; loin d'agir sur une nature commune, il avait rencontré des nerfs délicats, une organisation fine et supérieure. Alors le sentiment qu'il avait communiqué si légèrement avait pris de la force, le malheur, les revers, l'absence, et une foule d'accidents l'avaient constamment entretenu, irrité; maintenant les nouveaux événements le portaient à son plus haut degré d'énergie.

Otto comprit le mal qu'il avait fait, mais il ne vit pas les suites qui pouvaient en résulter. Soit insouciance ou confiance en son étoile, il se livra tout entier à l'impression du moment; malgré l'air de pauvreté répandu autour de lui, malgré les paroles du voiturier et tout ce qu'il venait d'entendre, l'amour de Beata, sa chaleur de sentiment trop vraie pour être feinte, lui avaient répondu de la probité du vieillard ; certain de retrouver encore un peu d'argent, il ne pensait plus qu'à recouvrir de miel les plaies qu'il avait ouvertes, qu'à s'abandonner aux caresses empressées de la bonne petite, et par des promesses et des assurances, à lui donner le change sur l'avenir. Il lui jura qu'il l'aimait toujours, qu'il ne l'avait pas oubliée, que des circonstances graves et imprévues l'avaient seules retenu loin d'elle.

Il faut si peu de chose pour consoler une femme qui vous aime, un rien, un regard, un baiser sur le front ! Beata le crut, et lui, comme il était fatigué et comme il avait besoin de sommeil, il s'étendit dans le fauteuil, jeta son manteau sur ses épaules et dormit.

VIII

La nuit s'avançait ; la nature au dehors était ébranlée par la tempête. On entendait gémir les bouleaux, et les sapins aux larges branches criaient et hurlaient comme les amarres d'un vaisseau ; le vent, s'introduisant dans les petits trous des fenêtres et dans le joint des portes, produisait des gammes de sifflements aigus, tandis que la rafale, s'abattant sur le toit, semblait y rouler d'énormes pierres et bondir comme l'avalanche. La pluie fouettait les vitres. Les grêlons, tombant dans l'âtre de la cheminée, avaient éteint le peu de feu qui brûlait encore. Plus de lumière. La seule clarté qui apparût quelquefois était celle de la lune, lorsque voguant à travers des flots de noirs nuages, elle découvrait son disque et jetait de grands éclairs blafards sur la terre.

Cependant le fracas extérieur n'empêchait pas le voyageur de dormir. Il n'entendait rien, pas même

Beata, qui légère comme un oiseau, allait et venait autour de lui. D'abord elle avait rallumé dans l'âtre quelques brins de sarment, afin de réchauffer ses pieds ; mais l'eau continuant à tomber par la cheminée, elle avait renoncé à son travail, et comme la femme de la Bible, comme la bonne Ruth, elle était revenue se coucher auprès de son amant. Peu à peu ses mains soulevèrent les plis du manteau qui le couvrait, et lorsqu'elle eut assez fait, et qu'elle fut certaine de ne pas l'éveiller, elle se glissa jusqu'à son cœur. Aimante créature ! comme elle était heureuse ! un bien perdu et retrouvé est si cher ! elle aurait voulu mourir ainsi ; elle aurait désiré que ses deux bras devinssent chaînes d'airain, afin de ne plus se séparer de son idole.

Cependant Otto tout d'un coup s'agite, il lève la tête et ouvre les yeux ; il sent comme une main froide et osseuse passer sur sa figure et s'arrêter sur son cou, le frisson lui court par tous les membres ; il veut détacher son bras des plis du manteau, mais avant d'y parvenir, une voix qu'il croit bien loin de lui, mais qu'il reconnaît de suite, s'écrie :

— Mon père, mon père, allez vous coucher.

Aussitôt il voit, à la lueur de la lune, entre la fenêtre et la cheminée, une forme d'homme se dessiner. Cette ombre vacillante s'arrête, paraît hésiter, et sans gémissement, sans plainte, elle prend une direction et se perd dans l'obscurité. Son apparition fit peu de bruit, quelque chose sembla traîner sur le carreau, et tout rentra dans le silence. Otto, qui doutait encore de ce qu'il venait de voir et d'éprouver, tant l'apparition et la disparition avaient eu lieu rapidement, ne se donna pas le tourment de chercher ce que ce pouvait être; il se contenta de dire :

— Est-ce vous, Beata, qui faites tout ce train?
— Oui, c'est moi.
— Et pourquoi donc, ma belle?
— Je ne puis dormir, il fait tant de vent.
— La nuit est donc bien mauvaise?
— Oui, bien mauvaise.

Et la conversation en resta là. Le comte pencha sa tête de nouveau, et ferma les yeux. Quant à la jeune fille, toute tremblante encore d'émotion, elle reprit sa place aux pieds de son amant, mais elle ne dormit pas. La scène qui venait de se passer avait été pour elle une révélation terrible ; elle avait découvert le déshonneur d'un père, elle venait de sauver la vie du comte.

IX

Prenez une pierre, jetez-la selon le libre arbitre, à droite ou à gauche ; il s'établira une multitude de faits successifs résultant du jet de la pierre, inévitables et rigoureux. Ainsi, en bien ou en mal, la fatalité prend les actes, des mains de la liberté humaine, et en fait découler impitoyablement la ruine ou le bonheur. Ainsi le jour qui commençait allait être triste pour la fille du Hongrois et pour le comte lui-même.

— Votre père est-il éveillé, Beata?

— Je ne le crois pas, il ne se lève pas si tôt.

— Est-ce que vous souffrez? vous avez la tête dans vos mains.

— J'étouffe, et j'ai les pieds froids.

— Pourquoi ne pas faire de feu?

— Il n'y a pas de bois.

— Mais le voisin?

— Nous n'en avons pas.

— Et ce bâtiment qui est près de cette maison?

— C'est une usine qui n'est pas achevée.

— Vous êtes bien malheureuse!

— Oh! oui, bien malheureuse!

— Que puis-je faire pour vous?

— Tout! — m'emmener d'ici.

— Et votre père?

— Qu'importe, si vous m'aimez?

— Hélas! je ne le puis.

— Alors, que le bon Dieu ait pitié de moi!

Beata prononça ces dernières paroles d'un accent si singulièrement triste, que le comte se sentit ému jusqu'au fond des entrailles, il la regarda; elle était sur sa chaise, immobile, les yeux fixes et le visage tout pâle.

— Mon enfant, vous vous faites mal en restant ainsi, sortons.

— Où aller?

— Sur la montagne, le long du chemin, prendre l'air un instant.

— Je le veux bien.

Otto prit son manteau, en couvrit les épaules de Beata, et boutonnant son frac, ils sortirent bras dessus bras dessous.

Ils s'apprêtaient à descendre la route qui mène au hameau de la Sauvenière, lorsqu'ils virent un homme venir au-devant d'eux; ils rebroussèrent chemin, et remontèrent le cours du gros ruisseau qui coulait au pied de la maison.

Le soleil se montrait un peu ; la terre, lavée par la pluie et affermie par le vent, sonnait sous les pas, et faisait étinceler comme des paillettes mille petites pierres de toutes les formes et de toutes les couleurs. La température était moins froide qu'à l'ordinaire, il y avait comme un sourire de printemps dans ce dernier rayon d'automne, et l'on aurait dit deux amants qui s'en allaient chercher l'ombre et la solitude. Pourtant ils ne parlaient pas. Tant que le ruisseau traça ses détours dans la prairie, ils eurent assez beau chemin. Mais bientôt la scène changea, les roches apparurent, et le ruisseau devint torrent. Ce fut une onde impétueuse et chargée de fange, roulant tantôt sur les roches, et tantôt se précipitant en forme de cascade ; un bruit assourdissant, et le mugissement perpétuel d'un troupeau de bœufs. Les obstacles s'accumulaient devant eux, ils furent bientôt dans un vrai désert. Là le vent et la tempête de la nuit dernière avaient amoncelé leurs victimes, des roches en éclat, de grands arbres courbés et renversés, puis des bouquets de sapins s'écrasant les uns les autres, ou foulés comme l'herbe sous les pas d'un enfant. On sentait que le génie du mal et de la destruction avait dû se ruer à son aise au milieu de ce chaos. Il fallait aussi que les promeneurs prissent plaisir à la contemplation de ces ruines gigantesques et naturelles, car ils ne s'arrêtèrent pas et continuèrent leur marche. Où allaient-ils? Dieu seul le savait. Ils montèrent encore, ils montèrent jusqu'à une roche autour de laquelle il fallait tourner, et qui avait quelque chose d'affreux à la vue.

Cependant, arrivé à une certaine hauteur, Otto jugea prudent de revenir sur ses pas ; il se faisait tard, et le vieillard pouvait être levé. Alors il prit la jeune fille par le bras et redescendit avec elle. Ils suivirent la même route, marchant, tantôt l'un devant l'autre, tantôt de front, s'aidant et se soutenant mutuellement. Le torrent bondissait encore au-dessous d'eux. Beata avait la tête penchée et descendait silencieuse, aussi nonchalamment qu'elle était montée. Tout à coup elle s'arrête, il fallait franchir un tronc d'arbre unissant deux rochers.

— Qui vous fait peur, Beata?

— Rien, mais je ne puis passer.

— C'est un enfantillage, vous avez bien passé en allant.

— Le torrent m'étourdit.

— Donnez-moi la main.

— La voilà.

— Prenez garde, nous tombons...

— Pardonnez-moi, Henri!...

. . . .

Deux cris se firent entendre, l'un puissant, l'autre faible, puis ils se répétèrent, mais étouffés, et comme ceux de deux corps qui se débattent et se perdent sous les ondes. Bientôt ils cessèrent, et il n'y eut plus que la voix du torrent qui remplissait la solitude du bruit de son mugissement.

Écrit et publié en 1833.

GUSTAVE

GUSTAVE

Paris, 20 février 1847.

Mon cher condisciple,

Je cède à votre désir et vous envoie l'histoire de mon ami. Vous m'aviez trop souvent entendu parler de lui pour que je ne vous le fisse pas connaître plus à fond. Son histoire est triste, et quoique fort simple, elle peut être intéressante. C'est d'après ses lettres, son manuscrit et son propre récit que je l'ai écrite. Si vous la jugez digne d'être présentée au public, retouchez-en la forme et soyez son éditeur responsable.

On dit que de notre temps il n'y a plus d'amoureux véritable. Le récit que je vous envoie est un des nombreux démentis qu'on peut donner en cela aux allégations des sceptiques et des railleurs.

Recevez, mon cher camarade, l'assurance de mon amitié sincère et de mon entier dévouement.

Armand Du.....
Avocat à la cour royale de Paris.

. . . .
. . . .
. . . .
. . . .
. . . .

En 1836, passant à travers les Tuileries vers les onze heures du matin, je rencontrai un jeune homme de ma connaissance nommé Gustave P.....

C'était le fils d'un ancien inspecteur des finances sous l'empire et la restauration. Plus jeune que moi d'une dizaine d'années, cet aimable garçon m'avait toujours intéressé par sa vive intelligence, son air franc et loyal. Je l'avais connu chez un de mes amis, avec qui sa famille était liée. Je m'étais senti de la sympathie pour lui, et lui avait éprouvé également de l'attrait pour moi. Cependant il semblait garder à mon égard un sentiment de déférence que l'âge seul me méritait, et, bien que j'entrasse dans ses idées de jeune homme, il ne me traitait pas comme son camarade, mais comme son confident et son conseiller. Pour marquer parfaitement les rapports qu'il y avait entre nous, je l'appelais Gustave, et il m'appelait cher monsieur.

Aussitôt qu'il me vit, il vint à moi, me serra les mains affectueusement et, passant son bras sous le mien, rebroussa chemin pour m'accompagner durant quelques pas. N'étant nullement pressé par les affaires qui me menaient au Trésor et me trouvant à la hauteur de la grande allée, je pris ma direction sous l'ombrage des premiers arbres. Nous étions au mois de mai, dans les jours d'azur que la nature prodigue à cette belle partie de l'année. Une tiède chaleur imprégnait l'air, et l'odeur des fleurs nouvelles s'exhalait des parterres. Le soleil, filtrant à travers les feuilles, piquait de points d'or toutes les jeunes ramures qui formaient au-dessus de nos têtes un rideau du vert le plus doux. Le printemps, qui se faisait sentir à tous les cœurs, semblait les disposer à s'ouvrir aussi facilement que les feuilles et les fleurs. A peine étions-nous arrivés au rond de gazon au milieu duquel s'élève *le Centaure portant l'Amour*, que je dis à mon compagnon :

— Eh bien, Gustave, que faites-vous ? que devenez-vous ?

— Pas grand'chose, répondit-il.

— Tant pis pour le monde et pour vous.

— Oh ! le monde n'a pas beaucoup à y perdre et moi non plus.

— Que vous me semblez morose et découragé pour un homme de vingt-quatre ans, plein de force et de santé ! Auriez-vous quelques peines de cœur ?

— Oh ! mon Dieu non, mon cœur est vide et non tranquille, ma tête est pleine et non satisfaite, je n'ai de goût à rien.

— A votre âge, est-ce possible!

— C'est la vérité. J'ai beaucoup étudié, vous le savez, mais je n'ai guère rapporté de mes études que du doute sur le fond des choses et sur moi-même.

— N'avez-vous pas une carrière à suivre?

— J'en ai une, celle de mon père. On me presse d'y entrer; mais les chiffres me répugnent. J'ai tenté une autre voie; j'ai fait mon droit, je me suis même plongé pendant quelque temps dans l'antre de la chicane, mais les dossiers m'ont bientôt suffoqué de leur odeur nauséabonde de mauvaise foi, et j'ai renoncé au plaisir de coiffer le bonnet d'avocat ou de substitut.

— Cependant il faut être quelque chose en ce monde.

— Sans doute.

— Vous avez de l'instruction et de plus vous êtes doué d'imagination. Je connais de vous plusieurs essais littéraires qui m'ont fait grand plaisir. Ne pourriez-vous pas *travailler dans le beau*, comme le dit Shakespeare?

— Certainement, j'en aurais le goût, le désir, je serais heureux de produire un beau poëme, une belle pièce de théâtre ; mais, je vous l'avoue, quoique l'envie soit grande, la force est petite. J'ai toutes les peines du monde à enfanter une vingtaine de vers, à écrire cinquante lignes de prose ; ce n'est pas avec de si chétives facultés, un si mince pouvoir que l'on parvient à frapper l'attention du public, de nos jours surtout où les auteurs sont d'une fécondité désespérante.

— On a quelque peine au début, et la facilité vient ensuite.

— Je ne commencerai pas, je me connais trop bien.

— Cependant vous ne pouvez rester à l'état de rêveur dans la vie, vous ne pouvez pas laisser votre plus bel âge passer comme un bouton qui sèche sur sa tige et qui meurt sans avoir vu sa fleur s'entr'ouvrir et parfumer le ciel !

— Qu'y faire ?

— Il faudrait qu'une secousse morale vous sortît de cette torpeur et mît en relief tout ce qu'il y a de bon et de généreux en vous. *L'homme a besoin d'être remué par des passions*, a dit Pascal, et ce penseur a grandement raison. Si vous voulez me permettre un moment de jouer le rôle de confesseur et de directeur, je vous indiquerai un remède.

— Très-volontiers.

— Ne m'avez-vous pas annoncé tout à l'heure que vous aviez le cœur vide?

— C'est vrai.

— Eh bien, il faut occuper votre cœur. Si je ne voyais en vous qu'un homme égoïste et sensuel, je ne vous dirais pas d'aimer ; mais, si peu que je vous connaisse, je sais qu'indépendamment de votre jeunesse et d'un agréable extérieur, vous possédez de la délicatesse de sentiment. Je puis donc vous conseiller d'aimer, sans crainte que vous tombiez dans le libertinage et que vous usiez votre santé et votre cœur en des liens indignes. Par votre parenté et vos relations, vous avez l'occasion de voir le monde, un monde de haute bourgeoisie et de bonnes façons. Dans cette classe de la société, il peut se trouver de charmantes personnes, d'aimables femmes qui soient exactement comme vous et qui ne demandent pas mieux que d'aimer et d'être aimées. Ce sont des cœurs délaissés, mal compris ou maladifs, des lierres languissants qui n'ont pas d'attache et qui meurent faute de soutiens. Venez au secours de l'une de ces tiges frêles et délicates, ne lui refusez pas votre sympathie, et vous trouverez bientôt ce qui vous manque, vous aurez le cœur joyeux, le monde vous semblera meilleur et le temps mille fois trop court. En un mot, votre existence sera complétement occupée.

— Mais pensez-vous sérieusement que l'on puisse aimer à volonté ?

— Mon Dieu, Gustave, je pense que l'amour naît de mille manières. Il y en a qui sont foudroyés à première vue et au passage ; il y en a qui vivent des années à côté de la personne qu'ils aimeront ensuite et qu'ils ne paraissent pas voir. Souvent la liaison la plus forte et la plus éthérée a commencé par une surprise des sens. Le feu d'amour est partout caché et vous prend à tous moments, qu'on le veuille ou qu'on ne le veuille pas. La grande question est de savoir si vous voulez être brûlé.

— Je ne demande pas mieux.

— Eh bien, puisque vous ne vous y refusez pas, laissez-vous consumer par le feu céleste comme la belle Sémélé. C'est le meilleur renouvellement d'existence que je sache, à votre âge surtout. Pour moi, je vous l'avouerai, j'ai recouru, tant que je l'ai pu, à ce divin remède, et je m'en suis toujours bien trouvé. Il réveille en vous le goût du vivre, les facultés de l'âme engourdies, et quelquefois il fait éclore de grands exploits, des talents merveilleux. Pour tout dire, aimer, c'est vivre.

— C'est aussi souffrir.

— Sans doute! mais est-ce qu'il ne vaut pas mieux cent fois être Prométhée cloué au Caucase que d'être le rocher muet et stupide qui le porte? Quant à moi, mon cher ami, je choisirais bien vite le sort du héros. Je vous vois languissant, ennuyé, doutant de vous, de vos forces et de vos talents. Je vous sais bon, intelligent et généreux. Votre état m'inquiète et me fait peine. Alors il me prend envie d'agir vis-à-vis de vous, quoique d'une autre façon, comme Mentor fit à l'égard du Télémaque de M. de Fénelon. Je voudrais vous précipiter, non pas dans l'onde amère pour vous guérir d'Eucharis, mais dans les bras d'une aimable Eucharis, pour vous sauver de l'ennui. Comme je n'ai pas malheureusement de nymphe à ma disposition, je vous dis : cherchez et vous trouverez.

— Je vous remercie, cher monsieur, de votre

ordonnance. Elle m'est dictée par un bon docteur qui voudrait me guérir de la façon la plus douce. Seulement, je vous le répète, je crains que le remède ne soit pire que le mal.

— Croyez bien, Gustave, que ce n'est pas de ma part une pure plaisanterie.

— J'en suis persuadé !

— Je sais quelles sont les conséquences que mes conseils peuvent amener, cependant en vous les donnant je ne prétends nullement vous les imposer. Je voudrais vous voir occupé, heureux, vivant enfin ; à votre âge le remède aux défaillances de l'âme, le plus énergique, le plus souverain, est d'aimer. Je me l'appliquerais à moi-même. Cependant je serais désolé que ce remède, comme vous le dites, fût pire que le mal. Je serais au désespoir d'avoir pu causer le malheur de votre vie et peut-être d'avoir brisé pour toujours votre avenir. Je retire donc dès à présent ma responsabilité des paroles que je viens de vous faire entendre. Oubliez-les, n'y pensez plus, mais, en tout cas, ne doutez jamais de l'intérêt que vous m'inspirez et de l'amitié que je vous porte.

A ces mots le jeune homme me prit la main

et m'assura qu'il avait pleine confiance en ma sincérité, qu'il était persuadé de mes bonnes intentions et que, dût-il entrer dans la voie que je lui conseillais de prendre, il n'imputerait jamais à une autre personne qu'à lui-même les résultats de sa conduite. Nous parlâmes ensuite de différentes choses, et après un dernier tour de jardin nous nous quittâmes.

Quelques semaines après cette rencontre et cette conversation, ayant à régler affaires d'intérêt dans le Midi, je partis pour le Roussillon. Mes affaires me retinrent dans cette contrée beaucoup plus de temps que je ne l'aurais cru. Il fallait suivre un procès long et compliqué. Je fus près de trois ans absent de Paris. Je n'avais pas entendu parler de Gustave pendant tout ce temps. Quand je revins chez moi, je trouvai une grande quantité de lettres. Dans le nombre était un petit paquet de papiers bien ficelé et cacheté. Je l'ouvris, il contenait une longue lettre de mon jeune ami suivi d'un cahier de vers. Je commençai par lire la lettre.

Paris, 28 octobre 1859.

« Cher monsieur,

« Je suis allé frapper souvent à votre porte et votre concierge m'a répété toujours que vous étiez en voyage et qu'il ne savait pas quand vous seriez de retour. Moi-même étant sur le point de quitter la France, et ignorant l'époque à laquelle j'y reviendrai, je prends la liberté de déposer chez vous la présente lettre et le paquet ci-joint. C'est le résumé de toute mon existence depuis près de trois ans. Vous m'avez montré tant d'amitié, vous vous êtes si souvent intéressé à mon avenir, que je crois devoir vous faire connaître comment j'ai employé mon temps depuis le jour où vous m'avez quitté. Si vous vous souvenez encore de notre promenade et de notre conversation sous les ombrages des Tuileries, vous devez vous rappeler dans quel état d'esprit je me trouvais alors. J'étais plein de marasme, d'indifférence et d'ennui ; aujourd'hui je suis bien loin de cette région froide et ennuyeuse, aujourd'hui je suis abreuvé de chagrin, et c'est la peine qui me pousse hors de mon pays. Comment en suis-je arrivé là, c'est ce que vous me permettrez de vous raconter. Je commence par rassurer votre conscience et vous enlever toute responsabilité en ceci. Ce que vous m'aviez conseillé de chercher dans le monde, une occasion d'occuper mon cœur, s'est rencontré naturellement et sans effort. Cette occasion s'est offerte à moi plus que je ne l'ai cherchée ; elle m'a saisi plus que je ne m'y suis prêté. Je vous le répète encore, vous n'êtes pour rien dans la peine que j'éprouve. Je l'impute entièrement à ma mauvaise étoile. — Plusieurs mois après votre départ de Paris je me trouvai chez une parente de mon père, au bal, en même temps qu'une jeune femme arrivée tout récemment d'Amérique. Comme cette personne ne connaissait pas beaucoup de monde, ma cousine crut bien faire en me présentant à elle, afin que je lui servisse de danseur et de cavalier. Il n'en était guère besoin, car avec sa jolie figure, sa grâce et son caractère de distinction, elle ne pouvait pas manquer de partner. A peine eus-je causé quelques instants avec elle, que j'en fus enchanté, je pris goût à mon nouveau rôle et m'en acquittai le mieux que je pus. Je sus bientôt par ma cousine que cette jeune femme était née à la Martinique d'une créole et d'un père originaire de Normandie ; ses père et mère étaient morts tous deux dans la colonie ; elle y avait épousé un créole mort lui-même depuis deux ans, et qui, ruiné complétement, ne lui avait laissé pour consolation qu'un joli petit garçon de cinq à six ans ; elle habitait maintenant à Paris chez un frère de son père, riche courtier de commerce, célibataire, et dont elle tenait la maison. J'eus plusieurs fois l'occasion de la voir chez ma cousine, et je crus m'apercevoir que ma conversation ne lui était pas désagréable. Un jour qu'elle s'y trouvait en compagnie de son oncle, je fus présenté à ce dernier qui me parut un excellent homme et qui m'ouvrit l'entrée de sa maison de la façon la plus cordiale. Je vous avoue, cher monsieur, que dès ce moment je ne sus plus ce que c'était que l'ennui, l'isolement, l'indifférence.

« Les beaux yeux de la charmante veuve avaient opéré ma guérison. Le monde prit un autre aspect à mes yeux et le temps s'enfuit pour moi d'une aile rapide. Quel bonheur quand il m'arrivait d'être engagé à dîner ou à passer la soirée chez le bon parent! Il m'eût fallu être couché dans mon lit, saisi d'une fièvre mortelle pour ne pas m'y rendre! Comme j'étais assez libre de mon temps, j'imaginais mille prétextes, mille raisons de venir voir l'oncle et la nièce. Peu avantageux et timide par nature, d'ailleurs plein de respect et de savoir-vivre, mes assiduités se présentaient sous les couleurs de la parfaite amitié. Quoique la jolie créole vît bien qu'elle avait produit sur moi une certaine impression, nouvellement arrivée dans le monde parisien, un peu seule et sans connaissances nombreuses, elle ne cherchait en moi que de la complaisance, de la bonté et de la sincérité. J'étais de plus pour elle un miroir intelligent de toutes les richesses intellectuelles et morales de sa nature. Elle se sentait appréciée par une âme qui n'était pas tout à fait vulgaire, puis elle me jugeait capable de dévouement pour elle et son enfant. Tout cela l'amenait à m'accueillir avec une douceur presque fraternelle. L'hiver s'écoula dans une intimité charmante qui ne fit qu'augmenter mon attachement à cette aimable femme. L'hiver est une saison bien triste, mais je ne me ressentis nullement de sa rigueur et je ne m'aperçus ni de la neige ni de la pluie. Quand vint l'été, l'oncle partit avec tous les siens pour la campagne. Il alla habiter une propriété qu'il avait entre Chantilly et Senlis. En partant il eut la bonté de m'inviter à venir y passer quelque temps. Il est inutile de vous dire, cher monsieur, si j'acceptai. Je m'y rendis, ce fut pour y perdre entièrement la tête. Et comment l'aurais-je gardée au milieu des séductions de la nature et auprès d'une personne que j'aimais déjà passionnément, et qui me dévoilait les grâces d'une ravissante figure unies à celles d'un esprit remarquable et au charme de la plus exquise sensibilité. C'était le feu des tropiques sous la fantaisie parisienne et la réserve anglaise. J'avais été déjà amoureux, mais je l'avais été d'agréables visages que n'animait pas une intelligence fine et supérieure. J'avais trouvé des êtres aimants, mais dans une sphère moins élevée que la mienne. A cette heure je rencontrais tout ce qu'il était désirable de rencontrer au royaume de l'amour, pour avoir la félicité parfaite, esprit, grâces, jeunesse, élégance et bonté. Je tenais, comme on le dit communément, mon idéal, et c'est la perte de cet ensemble délicieux qui me plonge dans l'angoisse et qui me force à aller pleurer en des lieux autres que ceux où j'ai vécu si heureux. Et comment ai-je perdu un trésor semblable, direz-vous ? Par la mort. — Oui, cher monsieur, par la mort, non pas du corps mais du cœur. Et ce cœur, ajouterez-vous, était le meilleur des cœurs !... Hélas ! oui ; il m'a aimé, il a battu pour moi, et puis il s'est refroidi. Pourquoi ? le sais-je ? c'est le mystère dans lequel je me suis perdu mille fois. Il faut qu'il y ait eu blessure de ma part, mais blessure involontaire, car j'ai beau faire mon examen de conscience, je ne me trouve aucun acte de culpabilité réelle. Il est vrai que la nature des femmes est si délicate et la nature des hommes parfois si épaisse et si peu clairvoyante, que souvent, sans le savoir et le vouloir, cette dernière leur fait des plaies incurables... Quoi qu'il en soit, je pars malheureux, très-malheureux, emportant le souvenir de jours divins que je voudrais pouvoir reconquérir au prix de mon sang, mais qui ne reviendront pas. L'amour est de son essence la chose la plus ailée et la plus libre du monde : je le comprends trop.

« Si vous voulez bien parcourir les quelques vers que je joins à cette lettre, vous y trouverez une esquisse de ma passion. Je dis passion dans le bon et triste sens. C'est un peu un lieu commun d'amoureux, de l'espoir, du bonheur, du désespoir, puis des retours et des chutes encore ; mais c'est ce qui est arrivé aux hommes depuis qu'ils habitent la terre, et c'est ce qu'il leur arrivera jusqu'à la consommation des siècles. Malgré ses exaltations et ses emportements, vous y verrez mon cœur au vrai et vous découvrirez peut-être combien même encore, à l'heure présente, il est plein d'amour et de regrets. Comme les vers ont été écrits au fur et à mesure des divers états de mon âme, états de fièvre et de violence pour la plupart du temps, vous n'y goûterez pas le plaisir que donnent une diction pure et une peinture de sentiments doux et reposés. Ce qui m'importe n'est point de vous faire montre de talent, mais de vous mettre sous les yeux l'histoire de ma vie depuis que je vous ai quitté. Brûlez le tout lorsque vous en aurez pris connaissance.

« Adieu, cher monsieur, je crains fort d'avoir de la peine pour le reste de mes jours, mais je vous en conjure, n'en prenez aucun souci, ne vous imputez en rien le mal dont je souffre. J'espère pourtant quelque effet de la diversion que j'essaye de donner à mon chagrin. Le beau ciel de l'Italie, ses monuments, ses tableaux, ses statues et les mœurs de son peuple si intelligent et si naturel sont des spectacles capables, s'il en fut jamais, de rendre un peu de calme à une âme qui n'a point perdu le goût des nobles choses. Le temps et l'art sont de puissants médecins qui ne guérissent pas, mais qui endorment. Puissent-ils ne me laisser que les plus doux souvenirs de mon passé !

« Adieu encore une fois, je vous serre cordialement les mains et vous souhaite une bonne santé jusqu'au moment où j'aurai le bonheur de vous revoir.

« Votre affectionné,

« Gustave. »

La lettre parcourue, j'ouvris le paquet cacheté et je lus les fragments suivants.

JOURNAL POÉTIQUE D'UNE LIAISON

Cantare amantis est.

Jeune homme, suis ton cœur ! une belle l'attire
Vers l'agreste séjour où, sous son doux empire,
Nature étale aux yeux les tableaux les plus frais ;
Laisse-le donc aller, jeune homme, à ses attraits.
Une lettre engageante est-elle pas venue
Te murmurer ces mots d'une grâce ingénue :
« Ami, les prés sont verts et les champs pleins d'odeurs,
L'abeille va courant sur des milliers de fleurs,
Le soleil brûle l'air et contre ses morsures
Les grands bois panachés ont des retraites sûres ;
Quittez, quittez la ville aux dévorants ennuis,
Aux pavés inondés de poussière et de bruits,

La paix est avec nous — venez reprendre haleine
Auprès de vos amis.... » O doux chant de sirène !
Qui pourrait résister à ton charme entraînant !
Il est vrai qu'en ces mots d'un style si charmant
Ce n'est que l'amitié qui parle et qui soupire,
Mais qu'importe, après tout ce qu'on y voudrait lire ?
Les champs et la beauté... quel aimant plus vainqueur
Pour l'âme et pour les sens ! — Jeune homme, suis ton cœur !

Oh ! le temps peut couler, jamais son flot funeste
En moi n'abîmera l'enivrant souvenir
De ce jour imprévu, magnifique, céleste,
Où le bonheur me vint sans croire l'obtenir.

Juillet venait d'ouvrir sa carrière brûlante,
Le ciel dardait partout sa flamme étincelante,
Seuls, assis tout au fond d'un verdoyant taillis,
Nos mains sur l'herbe épaisse étendue en tapis
Couraient nonchalamment après quelques fleurettes,
Et tous les deux remplis d'émotions secrètes,
Nous respirions en paix le parfum de ces lieux,
Sans oser nous parler de la bouche ou des yeux.

Soudain un jeune oiseau, je crois toujours l'entendre,
Du milieu du bosquet éleva sa voix tendre
Et se mit à chanter si délicatement
Que notre sang courut d'un plus vif mouvement.
Ce n'étaient que soupirs et langoureux ramages,
Que doux gazouillements à travers les feuillages,
Murmures infinis, accents voluptueux
Où se peignaient l'amour, son ivresse et ses feux ;
Et le chanteur ailé dans son charmant délire
Chantait ce que nos cœurs sentaient et n'osaient dire ;
Le ciel pur à sa voix devint plus pur encor,
Le soleil envoya de plus beaux rayons d'or,
Le vent plus de parfums et plus d'haleines douces,
Et les arbres émus plus d'ombres sur les mousses,
Et partout, à nos pieds, sur nos fronts, alentour,
Tout parut s'incliner au souffle de l'amour ;
Comme les arbrisseaux nos têtes se penchèrent
Et sans dire un seul mot nos lèvres se touchèrent.

———

J'aime et je suis aimé ! que m'importe le monde,
Ses agitations et sa rumeur profonde,
Ses Crésus, ses héros et le luth renommé
De ses bardes divins ? j'aime, je suis aimé !...

Sais-je bien seulement s'il existe sur terre
Un être qui pour moi porte le nom de père,
Si m'attend quelque part le désir d'un ami ?
Art, famille, amitié, tout est mis en oubli ;
J'aime, je suis aimé !... voilà pour moi la vie,
Le vrai bonheur du corps et de l'âme ravie ;
La gloire, les honneurs, tout le reste n'est rien,
L'ombre du mouvement, le fantôme du bien...
Oui, sur le globe entier, par toute la nature
Si changeante d'aspect et si vive d'allure,
Il n'est que deux objets réellement vivant :
Mon amante et mon cœur d'ivresse palpitant.
Je ne connais de beau sous la voûte éternelle
Que le rayon de feu qui sort de ta prunelle,
O mon ange ! que l'or flottant de tes cheveux
Et les soulèvements de ton sein amoureux :
Enfin je ne sais rien de bon, de désirable
Que d'être à tes côtés, sous le chêne ou l'érable,
Tout un long jour assis, le cœur contre ton cœur,
Et d'entendre au milieu d'une telle langueur,
Ta lèvre délirante en parole mielleuse
Me dire : O mon ami, que tu me rends heureuse !

Une nuit je rêvais, ô volupté suprême !
Je rêvais que j'étais avec celle que j'aime
Dans une plaine immense et couverte de fleurs.
Nous étions en août, aux longs jours des chaleurs ;
L'azur teignait le ciel, et le soleil en flamme
De la riche nature animait la grande âme.
Mille gais promeneurs respiraient les beaux feux
Que l'astre au disque d'or lançait du haut des cieux,
Et partout ce n'était que jeux et cris de joie
Et que peuple abondant sur la commune voie ;
Et tous les deux marchant au milieu de ce bruit,
Nous regrettions tout bas le silence et la nuit.
Tout à coup la nuit vint : le soleil sous des voiles
Engloutit son front rouge, et les blanches étoiles
Brillèrent sur le bleu foncé du firmament
Comme au fond d'un écrin reluit le diamant.
Alors d'un coin obscur de l'horizon immense
Un long sillon de flamme avec magnificence
Partit et, de l'éther perçant les profondeurs,
Mît tout en mouvement les célestes lueurs ;
Et plus la flèche ardente avançait dans l'espace,
Et plus elle entraînait d'étoiles sur sa trace,
Et plus se dépeuplait la coupole des cieux
D'astres qui paraissaient voler vers d'autres lieux.
Soudain à ce grand trouble, à ce prodige étrange,
La foule crut ouïr la trompette de l'ange,
Et passant de la joie au saint recueillement,
Tout le monde à genoux tomba dévotement,

Tout le monde, hormis nous. — Seuls debout dans la plaine,
Nous étions sans terreur de notre mort prochaine ;
Dans les bras l'un de l'autre enlacés, éperdus.
Nos lèvres murmuraient des soupirs confondus ;
L'amour nous enivrait de délices profondes
Et sur nous l'Éternel pouvait briser les mondes.

Elle m'a demandé combien de jours heureux
  J'avais eus près des belles,
Combien de fois j'avais à d'autres jolis yeux
  Allumé mes prunelles.

Et je lui répondis, la pressant sur mon cœur :
  Qu'importe, si je t'aime,
Et ce qu'un autre amour m'a donné de bonheur,
  Si le tien est l'extrême !

Qu'importent des débris et d'un lointain plaisir
  La cendre inanimée ?
N'effaces-tu pas tout, même le souvenir,
  Dans mon âme enflammée !

Eh quoi, déjà rompre les chaînes
Dont amour aux mains souveraines
Semblait pour de longs jours sereins
Avoir enlacé nos destins !
Déjà briser la coupe ardente
Où notre lèvre haletante
Humait le breuvage enchanté
D'une sublime volupté !
Il faut partir : ô cri terrible !
Qui résonne en mon cœur sensible
Plus sinistrement que le glas
De l'épouvantable trépas :
Il faut partir... mais le pourrai-je ?
A ce penser plus froid que neige
Je reste sans force et sans voix
Comme un pauvre cerf aux abois.
Il semble, sous ce coup barbare,
Qu'en ma personne l'on sépare
La tendre vigne de l'ormeau
Et la brebis de son agneau,
Tant je m'étais fait l'habitude
En cette heureuse solitude
D'entendre, de voir et d'aimer
Celle qui m'a su renflammer.
N'importe — amour, baisers, ivresse,
Tout doit fuir à la voix traîtresse
Qui me lance ce trait mortel :
Il faut partir. — O sort cruel !

Las! ce n'est point la fois première
Que j'entends gronder ton tonnerre
Et vois tes carreaux destructeurs
Tomber au milieu de mes fleurs ;
Dieu jaloux des plaisirs du monde,
Qui poursuis de haine profonde
Tout pauvre humain assez osé
Pour boire sur un sein rosé
Une goutte du miel céleste,
Je reconnais le jeu funeste
De tes fureurs, ô Dieu méchant !
Jouis à l'aise et sois content !
Jamais je n'ai, sur cette terre,
Autant souffert de ta colère
Et plus senti qu'en cet instant
Les tristesses de mon néant.

Loin de toi que je souffre, ô colombe chérie !
    Que je suis désolé,
Que mon âme est plaintive et que sombre est ma vie,
    Pauvre oiseau découplé !
Il semble, depuis l'heure où nos lèvres avides
    Se sont fait leurs adieux,

Que des siècles entiers comme des flots rapides
  Aient fui devant mes yeux.
Il semble qu'entre nous s'étendent des abîmes,
  Des océans sans fin
Et d'innombrables monts, entassant à leurs cimes
  La neige et le sapin,
Des murailles de fer, d'effrayantes barrières
  Où viennent s'amortir
L'élan de mon amour et les ailes légères
  De son ardent désir.
Et loin de toi je vais par la ville et les rues
  Silencieusement
Et ne trouvant partout dans les foules accrues
  Que morne isolement.
L'aspect de toute femme est un poids qui m'accable,
  Et le bonheur de ceux
Qui tiennent sous le bras une compagne aimable
  Me rend plus malheureux.
La nuit, la nuit encore ajoute à ces supplices
  Des supplices nouveaux,
Car si je parle, hélas! en rêvant des délices
  Je parle sans échos.
Et toi, là-bas aux champs, que deviens-tu, chère âme,
  Souffres-tu comme moi?
Sens-tu l'éloignement à l'air épais, sans flamme,
  Peser aussi sur toi?
Le soleil radieux des claires matinées
  A ton regard serein
Paraît-il, à travers les feuilles satinées,
  Toujours aussi divin?

Adores-tu toujours les gammes ravissantes
    Du rossignol en voix,
Et puises-tu toujours des saveurs enivrantes
    Dans le baume des bois ?
Non, tout doit te sembler insipide, incolore ;
    Tout, jusqu'au bleu des cieux,
Par le retrait fatal de l'âme qui t'adore,
    Doit pâlir à tes yeux.
O fléau des amants, absence, dur martyre !
    Au prix de ton tourment,
Si l'amour nous accorde une heure de délire,
    Qu'il la vend chèrement !
L'absence est une mort, une mort dans la vie ;
    C'est un second néant
Où de nos faibles corps la meilleure partie
    S'engouffre en se quittant,
Où notre âme se perd lorsque l'objet qu'elle aime
    Loin d'elle a disparu,
Et d'où l'âme ne sort qu'à la clameur suprême
    De l'objet revenu.
Toi donc qui de ma veine es la divine flamme
    Toi, le sang de mon cœur,
Reviens vite ; reviens pour me rendre avec l'âme
    La vie et le bonheur !

O nuit ! profonde nuit plus claire que le jour,
La seule qu'à mes sens ait pu donner l'amour,
Dès que le souvenir de tes douceurs lointaines
Repasse en mon esprit, tout le sang de mes veines
Se rallume et mon cœur se fond en volupté.
Grâce à toi, sombre nuit, j'ai connu, j'ai goûté
Tout ce qu'un corps aimant renferme de délice,
Tout ce qu'on peut trouver de miel dans le calice
D'une bouche attachée à vos lèvres en feu,
Et ces enlacements, chaînes dignes d'un dieu
Qu'autour de votre col et de votre poitrine
Forment deux bras plus blancs et plus doux que l'hermine.
Grâce à toi, belle nuit, la craintive pudeur
N'a rien pu dérober à l'amoureuse ardeur ;
En vain tu redoublais autour de nous les ombres,
Comme au fond d'un tombeau ; malgré tes crêpes sombres,
Mes lèvres et mes mains mieux qu'au soleil voyaient
Les sublimes trésors que mes bras enfermaient.
Alors j'ai tout senti... la chair et la tendresse !
Ah ! que de longs soupirs exhalés dans l'ivresse,
Que de cris déchirants au comble du bonheur,
Et de grands battements à vous briser le cœur !
Comme j'ai souhaité dans ces luttes de flamme
De rendre au Créateur le souffle de mon âme,
D'expirer au milieu de l'amoureux frisson,
La bouche sur sa bouche, en soupirant son nom,
Et d'emporter aux cieux et par delà les mondes
L'éternel souvenir de voluptés profondes,

Vierges de tout nuage et de l'amer penser
Qu'avec le temps un jour elles pourraient cesser !

―

Je te retrouve enfin, divine créature,
J'en rends grâce à l'hiver dont la froide piqûre,
Des forêts et des champs flétrissant la couleur,
Ramène au grand Paris sa plus charmante fleur.
Hélas ! mon cœur déjà s'emplissait de chimères
Et mon cerveau brûlait de peurs imaginaires.
Je craignais que le sort si cruel à mes vœux
Pour moi ne se montrât encore plus rigoureux,
Que novembre jetant ses feux noirs sur ta lèvre
N'enveloppât ton corps des frissons de la fièvre ;
Je craignais une chute, un de ces accidents
Comme trop on en voit frapper les cœurs ardents,
Un de ces coups mortels plongeant au précipice
Dans la fleur de ses ans une jeune Eurydice,
La mort, la mort terrible — et je disais : O cieux !
Je ne la verrai plus, c'en est fait ; nos adieux
Ont été les derniers moments de cette vie
Où ma bouche à sa bouche en pleurant s'est unie,
Je ne la verrai plus ! — Mais non — folle terreur !
Je te retrouve encor dans toute ta splendeur.

Voilà ces yeux charmants, ces mourantes prunelles
D'où la volupté coule en chaudes étincelles,
Ces cheveux odorants et si doux à la main,
Ces lèvres où l'amour prodigua son carmin,
Ce sein, ce corps entier tel qu'en nos jours de flamme
Je l'ai vu rayonner. — Mais ton âme, ton âme,
L'absence à son ardeur a-t-elle rien ôté?
Le retour me rend-il tout ce que j'ai quitté?

Étrange sort! J'avais soif de ta vue,
Je demandais que tu fusses rendue
A mon amour, et voilà, pauvre amant,
Que je pâtis encore plus qu'avant!
Du jour, hélas! où Paris te possède,
Ta porte en vain matin et soir j'obsède ;
Elle s'entr'ouvre à mes vœux rarement,
Et, s'il m'échoit de te voir un moment,
Astre divin que j'adore et j'encense,
Ton pur éclat ne me luit qu'à distance,
Ou mélangé de feux noirs et jaloux
Assombrissant nos rapprochements doux.
Qu'il soit maudit ce dieu des convenances,
Qui pour sauver, dit-on, les apparences

Contraint l'amant à cacher son ardeur
Sous un semblant de timide froideur ;
Qu'il soit maudit ce triste dieu du monde
Qui force l'âme aimant d'amour profonde
A s'entourer de fats et de fâcheux
Pour mieux masquer son visage amoureux !
O vastes champs ! oh ! combien je regrette
Vos libertés, ravissante retraite
Des bois touffus et des sombres vallons,
Où chaque jour, seul à seul nous errions,
N'ayant jamais pour témoins de nos fêtes
Que le soleil suspendu sur nos têtes,
L'arbre sonore ou les troupeaux muets
Tranquillement paissant les gazons frais.
Je voudrais être un enfant de sauvage,
Un vrai Huron sans mœurs et sans usage,
Ne connaissant que l'élan de son cœur
Et ne suivant que son désir vainqueur.
Dans un accès du grand feu qui me brûle,
J'irais alors, délivré de scrupule,
Te prendre au sein de ce monde mauvais,
Stupide, faux, qui t'aime et que je hais :
Et, t'emportant au plus lointain parage,
Loin des humains et de leur vil servage,
Seul avec toi dans le fond des déserts,
Je serais tout, ton dieu, ton univers.

Que leur avons-nous fait à ces méchantes âmes
        Pour que le noir venin,
Le souffle empoisonné de leurs bouches infâmes
        Vienne troubler notre destin !
L'amour nous composait de ses fleurs souveraines
        Un brillant paradis,
Et voilà que le mal y jette les haleines
        De ses esprits maudits.
Ah ! n'est-il donc possible en cette courte vie
        De goûter le bonheur
Sans éveiller la haine et voir l'ignoble envie
        Baver sur votre cœur ?
Heureux, heureux les fils des verdoyants bocages,
        Les aimables oiseaux !
Quand le soleil de juin inonde les feuillages
        De ses traits les plus chauds,
Ils s'aiment librement dans leur niche profonde
        Et sans crainte jamais
Que, comme un crime affreux, on ne signale au monde
        Les douceurs de leur paix !
O toi, que les accents d'un atroce langage
        Ont mise toute en pleurs,
Aux chants de ton ami reprends vite courage
        Et calme tes douleurs.
Tout le méchant venin des langues vipérines
        Ne fera qu'encor mieux
Épanouir mon cœur dans les chaînes divines
        De tes bras amoureux,

Que redoubler aux yeux de ma folle tendresse
　　Le charme de tes traits,
Et te rendre à mon âme, ô ma douce maîtresse !
　　Plus chère que jamais.

———

O pontifes sacrés, du sommet de vos chaires
Déchaînez le torrent de vos grandes colères
Contre les amoureux : dites qu'un mal sans fin,
L'enfer, après la mort, deviendra leur destin
Et leur fera payer cher les biens illicites
Qu'ils auront recherchés en dehors des saints rites !
Terribles instructeurs des sentiers du devoir,
Je ne vous en veux pas : vous ne pouvez savoir
Ce que nature met de forces invincibles
Dans les entraînements de deux âmes sensibles ;
Faites votre métier — qu'importent vos discours,
Si ma maîtresse et moi nous nous aimons toujours !
Qu'importent tous les vents de la géhenne ardente,
Si, comme Paolo dans les pages de Dante,
Je conserve toujours sur mon sein oppressé
Mon amour d'ici-bas tendrement enlacé !

Oserais-je le dire ! un mal insupportable
De secrètes douleurs me torture et m'accable !
Le tourment des jaloux dans mon âme est entré
Et comme d'un serpent j'en suis tout dévoré.
Ainsi, quand je reviens de voir celle que j'aime,
Malgré l'effusion de sa tendresse extrême,
Ses regards enivrants, ses baisers chaleureux,
Je ne suis pas tranquille et ne suis pas heureux.
Je rentre en mon logis, le front blême de craintes
Et le cerveau chargé des plus folles empreintes.
Alors seul, dans la nuit, sur ma couche étendu,
Sans repos, sans sommeil, inquiet, éperdu,
Mes doutes, mes soupçons, mes peurs imaginaires,
Grandissent, et prenant des formes, ces chimères,
Comme de noirs vautours avides de trépas,
Font de mon pauvre cœur un infernal repas ;
Puis le jour reparaît : de son aile pourprée
L'aube chasse aussitôt cette foule abhorrée,
Comme au ciel je sens naître en mon âme l'azur,
Je revois mon amour sous un aspect plus pur,
Et tout honteux de moi, du soupçon qui me leurre,
Le visage en mes draps, je gémis et je pleure.

Amour sans repos,
O mer agitée !
Quand donc sur tes flots
Mon âme emportée
Aura-t-elle enfin
Un heureux destin ?

Toujours sur mon front
Gronde la tempête,
L'éclair rouge et prompt
Sillonne ma tête ;
Jamais de l'azur
Longtemps et bien pur.

Tantôt c'est l'enfer
Et ses noirs abîmes,
Tantôt le ciel clair
Et ses feux sublimes ;
Toujours bas jeté
Ou trop haut monté !

Et voguer ainsi
Sur l'onde écumante,
Toujours en souci,
Toujours en attente
D'une douce paix
Qui ne vient jamais !

Ah ! c'est un tourment
Trop fort pour mon âme
Et dont ardemment
La fin je réclame,
Mais le roi des cieux
Est sourd à mes vœux.

Il faut qu'à ses maux
Mon cœur se résigne
Et reste des flots
Le jouet indigne,
Jusqu'au jour, hélas !
Du sombre trépas.

De même que le mal en pleurant se soulage,
De même la douleur en prenant un langage,
En revêtant des mots, finit par s'amoindrir,
Et comme au bruit des vents quelquefois s'endormir.
Hélas ! lorsque le sort vous a fait solitaire
Et devant tout humain vous oblige à vous taire,
Il faut bien épancher le cœur surabondant
Et d'un frêle papier faire son confident ;

C'est un doux compagnon, un ami plein de charmes,
Qui reçoit largement le torrent de vos larmes
Et qui recueille en soi, sans en rien répéter,
Tous les cris que l'amour en peine fait jeter.
O muse! heureux alors celui qui de ta lèvre
A reçu les baisers, car pour calmer sa fièvre
Ton art est souverain. Vois, mon mal est si fort
Qu'à le garder mon cœur se fendrait sous l'effort!
Viens donc à mon secours; que ta main douce et belle
Par mon front donne issue à l'angoisse mortelle,
Et que les vers, coulant ensemble avec les pleurs,
Me soulagent un peu du poids de mes douleurs!

———

J'avais juré de fuir, de mettre entre elle et moi
  Une énorme distance,
D'enlever pour toujours aux rigueurs de sa loi
  Ma pénible existence;
Les monts pyrénéens, le noir pays des ours,
  Les mers les plus lointaines,
Ne me semblaient pas trop pour garantir mes jours
  De ses humeurs hautaines.
Et voilà que de soi, sans que je fasse effort,
  Tête basse, confuse,

6

Elle revient à moi, se donne tout le tort
    Et me demande excuse.
Soudain, ému, ravi de ce retour heureux
    Et touché de ses larmes,
J'oublie en un instant mon tourment douloureux,
    Mes trop justes alarmes ;
Et plus avidement encore que devant
    Sur mon sein je la presse,
Et sa lèvre de feu sur la mienne tombant
    Redouble ma tendresse ;
Et lancé de nouveau sur le flot amoureux
    J'y vogue sans ombrage,
Et sans penser, hélas ! que l'azur de ses yeux
    Est encor gros d'orage.
Ah ! pourquoi donc le ciel en me donnant le jour
    Me fit-il si sensible
Aux grâces d'un beau col, au séduisant contour
    D'une taille flexible ?
Pourquoi ne puis-je voir deux lèvres s'entr'ouvrir
    Comme de fraîches roses
Sans vouloir aspirer leur nectar et mourir
    Sur ces divines choses ?
Quel que soit le pouvoir de l'âme sur le corps,
    Quand des yeux pleins de flamme
Me regardent, adieu mes projets les plus forts,
    Les sens ont vaincu l'âme !

Ils sont enfin calmés les orages du cœur !
Amour les a chassés de son souffle vainqueur ;
L'ombre fuit avec eux, et le soleil de l'âme
De nouveau reparaît avec toute sa flamme.
Allons, ma vie ! allons, une main dans la main,
Promener dans les champs notre nouvel hymen ;
Allons respirer l'air ! après une tempête
On a besoin d'avoir de l'azur sur la tête,
Et du frais dans le cœur. Vois comme les troupeaux
Paissent tranquillement au flanc des verts coteaux,
Comme du pur soleil les flammes radieuses
Dorent les prés mouvants de places lumineuses ;
Comme l'onde étincelle et reflète en son sein
Des nuages du ciel l'éblouissant essaim,
Comme les fleurs partout entr'ouvrent leurs corolles
Et comme dans les airs, à grands coups d'ailes folles
L'un l'autre se chassant, les oiseaux amoureux
Se perdent en chantant sous les chênes ombreux !
Oh ! viens, imitons-les ! nature est aussi belle
Que le jour glorieux où son âme immortelle
S'épancha dans la nôtre, et sous la nuit des bois
Nous enivra d'amour pour la première fois.

O bois, soyez bénis ! Votre morne silence
Et vos sentiers déserts ont bien plus d'éloquence
Et parlent mieux aux cœurs que tous les beaux discours
Que leur peut soupirer la muse des amours.
Les suaves parfums qui pleuvent de vos arbres
Éveilleraient des rocs, attendriraient des marbres ;
Les fleurs de vos gazons et les murmures doux
Des vents sur vos rameaux, tout dit : Unissez-vous !
Unissez-vous, mortels, qui n'avez pas encore
Osé vous dévoiler le feu qui vous dévore,
Et vous, qui le savez et vous l'êtes appris,
Dans un nouvel hymen confondez vos esprits !
Voici pour voile épais la sublime tenture
Des feuilles et pour lit la profonde verdure,
Lit moelleux et toujours plein de douce fraîcheur...
O bois, soyez bénis ! de mon premier bonheur
Je vous ai dû l'éclair, je vous suis redevable
En ce moment encor d'une ivresse semblable,
Telle que sur le sein de mon amour penché
Il semble que pour moi le temps n'ait pas marché,
Et que je boive encor sous vos faîtes propices
Le calice divin des premières délices.

Un poëte l'a dit, en rimes souveraines :
    Amants qui voyagez,
Ne le faites jamais qu'à des rives prochaines,
    Sinon, mille dangers

Menacent votre amour et, durant votre absence,
    Quelque souffle mauvais
Peut, en passant dessus, en corrompre l'essence
    Ou l'éteindre à jamais !...

Sur les bords isolés d'une mer écumante
    Un doux cœur palpitait ;
Noble cœur loin duquel une âme, une âme aimante,
    Tristement sanglotait.

Tout à coup le sort veut que se rompe la chaîne
    Qui l'attache au devoir,
Et l'âme peut voler à la rive lointaine
    Son désir, son espoir.

Elle part, elle arrive, à grands coups de son aile,
    Frémissante d'ardeur ;
Elle croit retrouver auprès du cœur fidèle
    Le calme et le bonheur.

Mais hélas ! triste effet d'un funeste veuvage,
    Ce cœur, ce cœur si chaud,
Elle l'a retrouvé plus sombre que la plage
    Et plus froid que le flot...

Croyez-en le poëte et ses rimes certaines :
    Aux mêmes nids restez,
Amants, l'air de l'absence a des vapeurs malsaines
    Pour vos félicités !

———

Oh ! comment se fait-il, ingrate, que ton cœur
Ne se contente pas du tranquille bonheur
Dont mon âme fleurit tous les jours de ta vie ?
Ne t'aimé-je donc point au gré de ton envie ?
Loin de toi, près de toi, suis-je en baisse de feux,
De désirs, de soupirs, de regards amoureux ?
Non, jamais, je le crois, je n'eus plus de tendresses
Et d'appétit glouton pour tes douces caresses.
La flamme qu'en mon sein allumèrent tes yeux
Est loin de s'appauvrir en éclats radieux ;
Au contraire elle a pris une force nouvelle
Du jour où, redoutant d'un autre amant le zèle,
Je cherche à l'effacer par un surcroît d'ardeur.
Mais en vain, cet effort est pour toi sans valeur !
Ton regard fatigué, plein de mélancolie,
Toujours flotte au delà du cercle de ta vie,
Et va comme cherchant à l'horizon lointain
D'un nouvel idéal le fantôme incertain.

On dirait que le feu de mon amour te gêne,
Et que sa certitude est une lourde chaîne
Qui te pèse et, forçant au retour par vertu,
Emprisonne ton âme en un bonheur connu.
Liberté! c'est le mot que tu n'oses pas dire,
Et que ta lèvre, hélas! incessamment soupire.
Ah! lorsque par hasard je le fais résonner,
De plaisir tout à coup je te vois frissonner;
Tes yeux moins languissants reprennent de la vie,
Ta parole est plus vive, et ton âme ravie,
Comme le pauvre oiseau que l'on tient en prison,
Et qui croit voir un trou dans sa verte maison,
Respire plus à l'aise, et malgré ma présence,
En je ne sais quels lieux rêve une fuite immense.
O mot divin pour ceux qui souffrent dans les fers
Et sous un joug sanglant versent des pleurs amers,
Liberté! liberté! que ton cri fait de peine
A l'esclave d'amour qui se plaît dans sa chaîne!

Dieu! qu'une âme amoureuse est pleine de bassesse!
Et comme pour ravir une mince caresse,
Pour savourer un peu de parfum et de miel
Sur une lèvre, on perd son orgueil naturel!

En vain les mots cruels, aux tendresses outrées
Succèdent sans relâche et, pointes acérées,
Vous font jaillir du cœur et la plainte et le sang,
Rires, mépris, dédain, geste dur, repoussant,
Tout est mis en oubli : sous l'affreuse tempête
On ploie, on s'humilie et l'on courbe la tête
Sans mot dire, adorant comme un esclave plat
Le pied qui vous écrase ou la main qui vous bat.
Et tel je suis pourtant, depuis que cette fée,
Des plaisirs de son corps me tient l'âme échauffée ;
Moi, si ferme d'esprit et si hautain de cœur,
Je ne sais qu'implorer une tendre faveur.
Insensé ! j'ai sur moi la tunique fatale
Du centaure Nessus, et la pourpre infernale
Attachée à mes flancs par ses charmantes mains
Me brûle, nuit et jour, des plus âcres venins.
Oui, j'ai tellement soif du souffle de sa lèvre
Que je perds la mémoire, en mon ardente fièvre,
De ses mille rigueurs. Je l'appelle en mes bras,
Je voudrais l'y presser, tout en sachant, hélas !
Que l'impie adorable à ma puissante flamme
Ne livrera qu'un marbre ; — eh bien, ce corps sans âme,
Ce bloc de pierre inerte et pâle de froideur,
Qu'il vienne... ce sera le comble du bonheur !

I

Pour conserver ton cœur, ô maîtresse inhumaine,
Je fais de vains efforts et je m'use à la peine,
Notre union finit... C'est une chaîne d'or
Qui se brise et parfois que l'habitude encor
Rattache, mais le nœud est de faible structure.
    Amour n'en est plus la soudure.

II

    En amour rien de stable :
Le temple du bonheur est bâti sur le sable ;
Le moindre petit vent suffit à l'ébranler,
Et la base attaquée une fois, l'édifice,
Si bien qu'on le rajuste et qu'on le raffermisse,
    N'est pas long à crouler.

Plus je veux l'oublier et plus, hélas ! j'y pense,
Plus repasse à mes yeux comme infernale danse

Le chœur joyeux et frais de mes jours de bonheur ;
Je revois ces premiers moments de notre ardeur
Où, les deux yeux perdus dans ses yeux pleins de flamme,
Je lisais fièrement le trouble de son âme ;
Puis ces doux entretiens, où le mot désiré
Perçait, de la pudeur, le beau voile sacré ;
Puis de l'aveu tardif les sublimes ivresses,
Les pleurs et les sanglots noyés dans les caresses,
Le remords effacé par le feu le plus pur,
Et de l'amour heureux le magnifique azur ;
Alors la promenade, à deux, dans les campagnes,
Au fond des bois touffus, au sommet des montagnes,
Où la nature entière et toutes ses splendeurs
Disparaissaient devant les transports de nos cœurs ;
Puis les repas du soir, où le gai luminaire
Nous voyait, côte à côte, au fond du même verre
Boire l'oubli du temps et des regards jaloux,
Les mots à double entente et seuls compris de nous ;
Puis enfin, au départ, les secrètes étreintes
Où les forces d'aimer étaient toutes empreintes,
Et qui nous consolaient jusques au lendemain,
D'une couche isolée où le somme était vain.
O moments de folie ! ô célestes journées !
Qui, telles que des fleurs l'une à l'autre enchaînées,
Se déroulaient pour nous sans soin de l'avenir,
Comme tout heur humain, vous fallait-il finir ?
C'en est fait, c'en est fait, le temps à tire-d'aile
Vous emporte à l'abîme où toute chose belle,
Gloire, jeunesse, esprit va se perdre à jamais.
Seulement, en mon cœur, l'image de vos traits

Demeure pour tourner en éternels supplices
Le souvenir divin de vos pures délices.
Ah! pourquoi, me quittant, la cruelle qu'elle est,
N'a-t-elle pas repris le bien qu'elle m'a fait?
Pourquoi me délaisser avec tout le bagage
D'un passé ravissant qui m'accable et m'enrage?
Amour est vraiment trop rigide aux malheureux,
Quand il perce nos cœurs de ses traits douloureux
Il devrait, au Léthé, soudain nous mener boire,
Et le bonheur ôtant, nous ôter la mémoire!

On ne veut plus de toi, pauvre amant, c'est visible!
Le cœur que tu rendis à ton amour sensible,
Et qui combla le tien d'un bonheur sans égal,
T'échappe et cède aux vœux d'un superbe rival...
Un rival! ah! ce mot me bouleverse l'âme,
Et dans mes sens allume une si vive flamme,
Que je comprends l'abîme où se sont laissés choir
Tant d'êtres accablés d'un pareil désespoir.
Je comprends qu'à l'aspect imprévu d'un visage
Odieux, votre main, au plus cruel outrage,
S'emporte, et que, s'armant d'un couteau d'acier froid,
Du sang aimé lui-même on se teigne le doigt...

Il est si dur de voir le rêve de sa vie
Se fondre comme neige à l'haleine ennemie
Du premier fat qui passe, et ses jours de bonheur
S'enfuir aux mains d'autrui comme aux mains d'un voleur!
Oui, je conçois alors le délire, l'injure,
Même le sang... et si, dans ces jours de torture,
L'œil n'est pas rutilant d'une affreuse clarté,
Si la main reste inerte et pendante au côté,
C'est que le cœur est mou, d'une fibre commune,
Et bien digne du sort que lui fait la fortune.
Pourtant à qui le crime? est-il bien à celui
Que votre amante attire et sur lequel a lui
Son regard fascinant? Pouvait-il ne pas suivre
Les pas de la beauté qui le charme et l'enivre?
Vous-même aviez-vous point, avant lui, vivement
Tourné votre existence à ce divin aimant?
A qui le crime? est-il même à l'âme rebelle
Qui cherche les éclats d'une flamme plus belle?
Est-ce sa faute si l'attrait qui fut en vous
A décru de puissance et n'est plus aussi doux?
Las! en cet abandon, le vrai, le seul coupable
Est celui que l'on fuit et qui n'est plus aimable!

Ah ! si j'avais sur quelque affreux rivage
Un rocher creux, un antre, au bord des flots,
J'irais bien vite en ce réduit sauvage
Au bruit des vents murmurer mes sanglots.

J'irais pleurer dans cet asile sombre
Les jours heureux qu'à jamais j'ai perdus ;
J'y resterais jusqu'à ce que pleins d'ombre,
Mes pauvres yeux ne se rouvrissent plus.

Hélas ! hélas ! sur l'amour d'une femme
J'avais placé mes rêves d'avenir,
Mais l'inconstance a passé dans son âme
Et mon bonheur a dû s'évanouir.

O toi que j'aime, ô toi qui me délaisses,
Ris des serments qu'autrefois tu m'as faits,
Vole à l'objet nouveau de tes tendresses,
Mais vainement cherche en ton cœur la paix!

Vers de Burns applicables à ma situation.

O désolé! pourquoi tant gémir et te plaindre
Et sous des flots de pleurs te noyer et t'éteindre?
N'as-tu pas eu des jours de purs enchantements,
Des jours d'azur et d'or et de lis embaumants?
N'as-tu pas possédé, faveur vraiment divine,
L'âme d'une beauté voluptueuse et fine,
Et goûté dans ses bras tous les biens infinis,
Des grâces de l'esprit aux feux du corps unis?
Ton lot n'a pas été des moindres en ce monde;
A bien peu fut donnée une part aussi blonde :
Maintenant, si les jours tristes sont survenus,
Il faut, sans te répandre en regrets superflus,
Savoir t'y résigner : prends-les avec courage
Et, muet, courbe-toi sous le vent de l'orage.
Jusqu'au jour désiré du trépas bienfaiteur :
A chacun à son tour la coupe du bonheur. —
Oui, je le sais, ma part en ce monde fut belle;
Des sublimes moments la déesse immortelle,
Sur mes lèvres a fait, avec un doux regard,
Ruisseler quelque peu du céleste nectar.
Mais ces gouttes, hélas ! en tombant sur ma lèvre,
M'ont passé dans le sang, et, venimeuse fièvre,
N'ont fait qu'accroître en moi le grand besoin d'aimer,
Soif ardente qu'un cœur ne viendra plus calmer.
Oh! pourquoi donc la vie est-elle si traîtresse?
Pourquoi, quelques instants, le calice d'ivresse,

Si les bords savoureux de la coupe de miel
Ne doivent plus m'échoir ? pourquoi du vaste ciel
Vous montrer un moment la splendide lumière,
Si, pour toujours, après, notre triste paupière
En doit perdre l'azur ? C'est trop ou c'est trop peu :
Et voilà le sujet de mes plaintes, ô Dieu !

———

La lecture des vers de Gustave m'avait fait mieux comprendre sa lettre et l'état de son âme. Il s'était fait un grand changement dans ce jeune homme; bien différent du jour où je le rencontrai sous les ombrages des Tuileries, il souffrait, il est vrai, mais il vivait. Sa passion était franche, réelle, bien ancrée. Les sens dominaient... cela était tout naturel, il avait vingt-cinq ans ; cependant, à voir la persistance du désir, malgré l'inconstance de l'amante, malgré l'exil volontaire de l'amoureux, je ne me cachais pas que, pour Gustave du moins, il n'y avait rien de fini. J'eus un moment la curiosité de connaître les détails de cette aventure; mais l'absence du héros, mon éloignement du monde où il avait vécu, surtout sa discrétion qui ne m'avait laissé voir des personnes que ce qu'il fallait que je visse, tout me dit que mes courses seraient inutiles et que je devais me contenter de la confidence qu'il m'avait faite. Seulement je pris le parti de ne pas obéir à sa prescription : je ne brûlai ni vers ni lettre, et je conservai le tout en attendant que j'en retrouvasse l'auteur, et que je pusse apprendre de lui ce que je désirais savoir.

Depuis le départ de Gustave pour l'Italie, j'avais moi-même parcouru différentes parties de la France. J'étais retourné dans le Midi, et même je m'y étais marié ; après quelques années de séjour au fond du Roussillon, je revins m'établir à Paris avec ma famille. Un jour d'été de l'année 1844, mes affaires m'appelant au chemin de fer d'Orléans, je me trouvai, dans les bureaux, vis-à-vis d'un commis qui était notre ami Gustave. A mon apparition, sa figure se couvrit d'une légère rougeur, cependant, se remettant aussitôt de sa surprise et loin de m'éviter, il me tendit cordialement la main.

— Quelle heureuse rencontre pour moi! m'écriai-je.

— Et pour moi aussi! répondit-il.

— Que de temps écoulé depuis que nous nous sommes vus!

Il sortit de son bureau, et m'entraînant vers une galerie lointaine, il me dit :

— Vous me retrouvez, cher monsieur, dans une position peu brillante. Je suis un pauvre commis à deux mille quatre cents francs d'appointements. Cependant je ne me plains pas de cette situation; cela me suffit.

En l'examinant plus attentivement je le trouvai changé de visage. Ses joues étaient pâles, amaigries. Je lui demandai s'il avait fait récemment quelque maladie.

— Oh! mon Dieu, non, ajouta-t-il; seulement il s'est passé dans ma vie de grands événements depuis l'époque où je vous ai vu ; je vous conterai ces choses si vous voulez bien venir déjeuner avec moi dimanche prochain.

— C'est au contraire moi qui vous invite, Gustave. Je suis marié et je serai enchanté de vous présenter à ma femme.

— Ah! vous êtes marié, fit-il avec étonnement, et à votre gré sans doute?

— Certainement.

— Je vous en félicite. Cependant, permettez-moi pour le moment de ne point accepter votre invitation; il vaut mieux que ce soit moi qui vous reçoive. Je serai d'ailleurs plus à l'aise pour vous entretenir.

— Eh bien, soit! Gustave; le plaisir de vous revoir me fait obtempérer sans peine à vos désirs. Quand voulez-vous que je me rende chez vous?

— Dimanche, à dix heures du matin, si vous êtes libre.

— Je le serai; dimanche à dix heures, nous déjeunerons ensemble chez vous, c'est convenu. Mais où demeurez-vous? Toujours au même endroit?

— Non, j'habite rue d'Orléans, n° 9, près du Jardin des Plantes. Voici mon adresse.

me donna sa carte et nous nous séparâmes.

Grâce à lui, mes affaires furent promptement expédiées et je quittai les bureaux du chemin de fer.

J'avais été très-étonné de retrouver Gustave dans une position aussi humble, connaissant ses goûts et sachant quelles étaient les intentions de sa famille à son égard ; j'avais encore été plus surpris et touché du changement de sa figure. A son air doux et mélancolique, animé parfois d'un sourire sceptique, avait succédé un air de tristesse avec quelque chose dans l'accent de net et de résolu. Indépendamment de la vive amitié que je portais à ce jeune homme, il y avait en moi un certain sentiment de curiosité. Ayant vu le commencement de sa passion et même ayant été un peu cause de sa nouvelle existence, je désirais connaître la fin de cette passion, quoique je craignisse qu'elle ne lui eût donné bien des peines. Je fus donc exact au rendez-vous, et je me rendis rue d'Orléans, n° 9, au jour et à l'heure prescrits.

Cette rue est située derrière la vieille prison de Sainte-Pélagie, dans le faubourg Saint-Marceau. C'est une voie en dehors de la circulation et quasi-déserte. La maison était de médiocre apparence, peu élevée sur la rue et n'ayant pour entrée qu'une porte bâtarde, fermée pendant le jour par une demi-porte en treillis et à loquet. Au-dessus on pouvait lire une inscription ainsi conçue : *Pension bourgeoise des deux sexes tenue par...* Je levai le loquet et j'entrai. Un gros chien attaché dans la cour sortit de sa niche, et par deux ou trois coups de gueule annonça ma venue. Une vieille dame parut et me demanda ce que je cherchais. Je lui indiquai l'objet de ma visite, et elle me fit monter au second étage, où je trouvai mon ami qui m'introduisit dans son appartement.

— Vous voyez, Gustave, que je suis exact.

— Je vous remercie, répondit-il ; permettez-moi de vous faire les honneurs de mon petit réduit, nous descendrons ensuite déjeuner, et après je vous conterai ce que j'ai à vous faire savoir.

— Volontiers, je suis toute cette journée votre homme-lige, et vous pouvez entièrement disposer de moi.

Gustave ouvrit ses persiennes et me montra que son logement était dans une agréable situation, en plein midi et donnant sur une vaste étendue d'arbres qui descendaient jusqu'au Jardin des Plantes. A la maison appartenait un petit jardin qui confondait sa verdure avec celle des enclos voisins, et dont les locataires avaient la jouissance. L'appartement se composait de trois pièces de dimension convenable. Dans la première était le lit de mon ami, son bureau et quelques meubles de toilette. La seconde renfermait un corps de bibliothèque, une petite table et un lit de sangle garni de draps blancs. Enfin la troisième pièce au fond, assez bien meublée, contenait un lit d'acajou avec draps et couvertures, un canapé en velours d'Utrecht jaune près de la cheminée, une pendule en albâtre, deux flambeaux de cuivre doré, quelques fauteuils pareils au canapé, une commode, une table à ouvrage, puis une jardinière avec des fleurs devant la fenêtre, et sur la muraille un portrait voilé d'une gaze noire. Cette chambre semblait être l'habitation d'une femme partie en voyage et que l'on attendait. Les meubles, les rideaux, le vieux tapis, tout était d'une grande propreté. Comme je demandai à Gustave s'il habitait ces lieux en compagnie, il me répondit affirmativement, mais sa compagnie était celle d'un jeune garçon qui, pour le moment, ne se trouvait pas à la maison.

7.

— Voilà, me dit-il, mon univers duquel j'espère bien ne jamais sortir.

— Comment! vous êtes décidé à ne jamais quitter cet appartement?

— Certainement, et vous saurez tout à l'heure pourquoi... en attendant, allons déjeuner. Je vous préviens que vous ne trouverez pas ici des reliefs d'ortolans, un service à la Véry, mais vous aurez un repas aussi bon qu'on peut l'avoir dans une modeste pension bourgeoise.

— Mon cher Gustave, vous me jugeriez fort mal, si vous pensiez que je suis venu vous voir pour les délices de votre table.

— Je sais le contraire, mais enfin il est toujours bien de prévenir ses amis.

Nous déjeunâmes dans la salle à manger, située au rez-de-chaussée, pièce meublée très-simplement. Trois pensionnaires y attendaient le signal du repas. Il fut bientôt donné par le maître de la maison, qui devait servir à table et qui nous pria de prendre place. Le déjeuner, comme me l'avait annoncé Gustave, n'était pas des plus recherchés, mais il était convenable, abondant, et même, au dessert, au milieu des sucreries et des fruits, il fut couronné d'une bouteille de champagne. Il y eut assez de gaieté, grâce à la satisfaction des convives, qui devaient à mon ami l'excellent repas qu'ils faisaient. Deux vieilles dames, assises aux côtés du maître de la maison, ne tarissaient pas d'éloges sur la galanterie de Gustave. Quant à l'individu que j'avais près de moi et que l'on appelait *Capitaine*, gros homme court, trapu et d'un rouge apoplectique, il ne cessait de dire : « En vérité, si l'ordinaire était toujours ainsi, je finirais par avoir un coup de sang. » On but à la santé de Gustave, car il était le véritable amphitryon, puis chacun se retira. Nous fîmes un tour de jardin, pendant lequel mon ami m'expliqua qu'il était d'usage dans la pension, lorsqu'on avait quelqu'un à traiter, que l'on fît partager aux autres pensionnaires les agréments que l'on procurait à la personne invitée. — Malheureusement, la position de fortune de la plupart des locataires était si mince, qu'ils ne pouvaient guère donner à leurs amis que l'ordinaire de la maison ; aussi quand il y avait extra, était-ce un grand plaisir pour ceux qui étaient appelés à y prendre part. Le prix de la pension était fort modique. Pour huit ou

neuf cents francs par an, on avait là logement
et nourriture. Quant à lui, il payait plus cher
à cause de la grandeur de son appartement ; néanmoins il vivait à bon compte dans ce lieu solitaire, à si bon compte que cela m'étonna. Bientôt
nous quittâmes le jardin et remontâmes chez lui.
Là, après m'avoir installé confortablement dans
un fauteuil près de sa fenêtre entre-bâillée et à
moitié couverte par la jalousie, il s'exprima en
ces termes :

« Vous savez, cher monsieur, par la lettre que
vous avez reçue après mon départ pour l'Italie et
par les vers que j'y avais joints et que vous avez
sans doute brûlés, quelle était ma situation morale et quelle avait été mon existence jusqu'à ce
moment. Instruit du commencement, je vous dois
la fin et la voici. — Je passai près de deux ans à
visiter les diverses parties de la péninsule. Le
spectacle des splendeurs qu'elle renferme, ses
beaux sites, ses monuments, ses chefs-d'œuvre
artistiques firent une vive impression sur mon
esprit et apaisèrent les souffrances de mon
âme. J'en vins même à désirer voir la Grèce, et

j'allais m'embarquer à Naples sur un des paquebots qui mènent à Constantinople en touchant à Athènes, lorsque je reçus une lettre de Paris qui me donnait de mauvaises nouvelles de la santé de mon père. Je renonçai immédiatement à mon projet de voyage et je pris le plus vite possible la route de France. Quelque diligence que je pus faire, je n'arrivai pas à temps. Mon pauvre père avait expiré depuis plusieurs jours. Ce fut un profond chagrin pour moi de ne pas l'avoir assisté à ses derniers moments et de n'avoir pas rempli le devoir filial dans toute son étendue, celui de lui fermer les yeux. Le règlement des affaires apporta toutefois, sans les soulager, un peu de distraction à l'amertume de mes regrets. Mon père ne me laissait pas grand'chose. Sa pension de retraite, comme ancien fonctionnaire, le faisait vivre honorablement, mais elle mourait avec lui. Je n'eus donc qu'un très-faible héritage à ajouter à ce que je possédais déjà du chef de ma mère. Quoi qu'il en fût, après la vente du mobilier, de la bibliothèque, fort riche en livres rares et anciens, et de tout ce que je ne pouvais pas ou ne voulais pas conserver, je me trouvai à la tête d'un revenu annuel de neuf ou dix mille francs, ce qui semblait parfaitement suffisant à mon existence de célibataire. Je ne fus pas longtemps sans désirer avoir des nouvelles de madame de C... — J'allai voir mes parents qui étaient ses amis et, comme ils avaient connu mon enthousiasme pour cette charmante femme, il était tout naturel qu'ils me missent au courant de ce qui lui était arrivé. — Voilà ce que j'appris : depuis mon départ pour l'Italie, madame de C... s'était éloignée de la maison de ma cousine. Plus tard on y avait su que son oncle, le riche courtier, avait fait de mauvaises affaires, puis était mort ruiné. On présuma que madame de C... était retournée en Amérique avec son petit garçon. Je reçus ces nouvelles d'un air indifférent en apparence, mais au fond du cœur, j'en étais cruellement affligé. Connaissant le caractère de madame de C..., sa nature fière, sensible et incapable de supporter les privations et la gêne, je compris tout ce qu'elle avait dû souffrir par suite de tels malheurs. Je ne m'en tins pas au dire de mes parents et je courus chez les divers hommes d'affaires qui avaient été en rapport avec M. J. de L... J'allai aussi à l'ancienne demeure de madame de C... Partout il me fut répondu que l'oncle était mort en déconfiture et que l'on n'avait pas revu la nièce.

« A cette époque nous touchions à la fin d'août. Le temps promettait un beau commencement d'automne. Avant de prendre mes quartiers d'hiver, j'eus l'idée, sur l'avis d'un peintre de mes amis, de faire une excursion au bord de l'Océan et de visiter les différents ports échelonnés entre Dieppe et le Havre. Je me rendis donc à Rouen et de là à Fécamp. Je comptais remonter ensuite à Yport et à Étretat, puis revenir à Paris par le bateau à vapeur du Havre à Rouen. C'était une assez jolie tournée. Arrivé à Fécamp, je me logeai dans l'hôtel du *Grand Cerf*, modeste auberge établie non loin des magnificences architecturales et sculpturales de la fameuse abbaye. Fécamp, situé au pied d'une haute falaise et à l'ouverture d'une riche et plantureuse vallée, est un petit port fort animé. Le Nord y apporte ses produits et l'on y pratique activement la pêche, celle du hareng et de la morue surtout. Moins élégant et moins bruyant que Dieppe, les baigneurs sérieux et économes préfèrent s'y cantonner. Pour le moment, il n'y avait dans l'hôtel que j'habitais que quelques commis-voyageurs et un artiste que je rencontrais le soir dans la salle à manger, assez bon diable faisant force caricatures et fumant beaucoup plus qu'il ne travaillait. Quant à moi, je me promenais le plus possible, parcourant les sites les plus curieux de la côte et de la vallée.

« Il y avait à peine quatre ou cinq jours que j'étais dans cet endroit, qu'un soir, en allant me coucher et passant par le corridor qui menait à ma chambre, j'entendis des cris de femme s'échapper d'une chambre voisine. Une domestique aussitôt en sortit tout émue. Je l'arrêtai et l'interrogeai sur ce qui arrivait. Elle me répondit :

« — Ah! mon Dieu! nous avons là une dame qui a des attaques de nerfs épouvantables et qui est bien malade.

« — Il faut aller chercher le médecin, ajoutai-je.

« — Le médecin de l'hôtel est parti pour Étretat.

« — Mais il y en a un autre?

« — Oh! oui, rue des Juifs, au bout de la ville...

Je vais toujours demander à ma maîtresse si elle n'aurait pas de l'eau de Cologne.

« — J'ai ce qu'il vous faut, lui dis-je, et si vous voulez attendre un peu, je puis vous en donner un flacon.

« J'entrai dans ma chambre, je pris dans ma valise l'objet nécessaire, je le remis à la domestique, puis je fus me coucher.

« Le lendemain matin, je demandai à la servante comment la malade se trouvait ; celle-ci me répondit qu'elle avait passé une fort mauvaise nuit et qu'on était allé chercher un médecin. En même temps elle me remerciait, de la part de la malade, de mon obligeance. Elle tenait une lettre à la main, lettre qu'elle devait mettre à la poste le plus vite possible. Sans trop de réflexion, uniquement parce qu'il y avait là un être humain qui souffrait, je m'intéressai à cette personne et j'en vins même à questionner l'hôte sur son compte. Celui-ci se contenta de me dire que c'était une femme jeune encore, qu'un habitant de Rouen avait amenée chez lui pour prendre des bains de mer, lesquels, loin de lui avoir fait du bien, l'avaient rendue encore plus malade qu'elle n'était en arrivant. Elle ne sortait pas de sa chambre et presque de son lit. Je lui demandai si cette dame était de Paris ou de Rouen. Il me répondit qu'il n'en savait rien. Je n'insistai pas. Je pensais en moi-même que ce pouvait être quelque personne qui désirait garder l'incognito et à l'égard de laquelle ma curiosité serait inconvenante. Plusieurs jours s'écoulèrent sans autre événement. Je m'informais toujours de la santé de la dame. Enfin, un soir encore, passant devant sa porte, j'entendis un grand bruit de voix, des exclamations, puis je vis un homme sortir de la chambre, descendre l'escalier rapidement, et bientôt le roulement d'une voiture m'annonça la disparition du visiteur. Que s'était-il passé? Ma curiosité éveillée de nouveau me fit encore interroger la domestique aussitôt que je le pus. Elle me dit alors :

« — O monsieur! quel malheur! une si bonne dame abandonnée!

« — Comment, fis-je à mon tour, cette dame est abandonnée... Par qui? Pourquoi?

« — Hier est arrivé de Rouen un monsieur avec une lettre. Quand il a eu remis cette lettre à madame et lorsqu'elle en a eu pris connaissance, elle s'est écriée : « Mais c'est indigne ! mais c'est affreux ! » et elle a jeté la lettre à travers la chambre ainsi qu'un rouleau de pièces d'or qui sont tombées sur le carreau. Le monsieur a voulu ajouter quelques mots, mais elle, se redressant sur son lit, lui a dit : « Partez, monsieur, partez ! que je n'entende plus « parler de votre ami, c'est tout ce que je désire. » Le monsieur a encore essayé de parler, mais elle n'a pas voulu l'écouter, et avec un geste de la main elle l'a invité à s'éloigner.

« — Et qu'a fait cet individu ? ajoutai-je.

« — Il est parti, laissant l'argent à terre. Je l'ai ramassé et l'ai placé sur la cheminée, puis j'ai demandé à madame ce qu'elle voulait que je fisse. Elle était très-faible et j'étais obligée de lui mouiller les tempes... Quand elle fut un peu remise, elle me dit : « Claudine, tu vas aller « chercher un prêtre, et tu le prieras de venir « me confesser. » Quoiqu'il fît nuit, je ne fis qu'un saut de l'hôtel à la maison d'un des vicaires de la paroisse, notre voisin, et je l'amenai. — Le cher homme est bien resté avec elle deux heures, seul à seul ; après ce temps, je suis entrée dans la chambre et j'ai vu madame qui donnait à M. le vicaire une partie de l'argent placé sur la cheminée. Puis j'ai accompagné le digne homme jusqu'au seuil de la porte. Il a parlé quelque temps avec le patron. Enfin je suis remontée auprès de madame et j'ai passé le reste de la nuit à la soigner. Ah! monsieur, quelle bonne maîtresse! Depuis que je la sers, il n'y a pas de jour qu'elle ne me donne quelque chose, mais je crains bien qu'elle ne meure ici...

« — Comment! interrompis-je, cette dame est malade à ce point...?

« — Oui, monsieur, continua la servante, elle est malade au point de mourir.

« — Mais quelle est sa maladie?

« — Ah! monsieur, je ne pourrais pas trop vous le dire; c'est une maladie comme celles que les femmes ont souvent après leurs couches. Le médecin a répété plusieurs fois que c'était une grande bêtise que de lui avoir fait prendre des bains de mer.

« Le fait dont j'étais témoin et les paroles de cette domestique me laissaient entrevoir une destinée malheureuse qui pouvait finir d'une manière tragique dans ce petit coin de terre, au bord de l'Océan. Cette femme seule, malade et qui paraissait, quelle qu'elle fût, posséder de la bonté et de la fierté dans le cœur, m'intéressait vivement à son sort. Je parlai donc ainsi à la servante :

« — Écoute, Claudine, je vois que ta maîtresse est fort malheureuse et fort souffrante. Aie l'obligeance de lui dire qu'il y a, ici, un voyageur qui voudrait lui être utile. Il compte bientôt retourner à Paris, et si elle a, par hasard, quelque commission à lui faire faire dans cette ville, il s'en chargera volontiers.

« Ce n'était pas le désir de me mêler des affaires d'autrui qui me poussait à ces offres de services, ni l'envie de connaître une femme jeune encore, suivant l'expression de l'aubergiste, et de me substituer dans ses affections au cœur qui la délaissait, le mien était trop plein d'une autre image ; c'était un sentiment réel de pitié pour un être me paraissant dans la plus triste des situations et comptant si peu sur la vie, qu'il faisait venir un prêtre pour mettre son âme en règle. Quel est l'homme un peu sensible qui n'en eût pas fait autant à ma place ?

« Après le déjeuner, comme je fumais un cigare devant la porte de la maison, Claudine vint à moi et me dit :

« — Madame remercie beaucoup monsieur de son obligeance. Elle se trouve mieux depuis la visite de notre vicaire, et si monsieur peut venir la voir vers les quatre heures, elle le recevra avec plaisir : elle a une commission à lui donner pour Paris.

« Je répondis que je me trouverais à l'heure prescrite dans la chambre de sa maîtresse, et je m'en fus tuer le temps en me promenant au bord de la mer.

« Je commençai par voir dans le port l'appareillage des barques pour la pêche. Les détails de cette opération occupèrent mes yeux sans distraire ma pensée, puis tournant à gauche de la jetée, je me mis à marcher le long des grèves. Le ciel était superbe, la mer calme et luisante ; mais la beauté du reflet des ondes, le vol léger des goëlands, le passage des voiles fuyant à l'horizon, tout ce spectacle sublime et charmant qui, d'ordinaire, captive l'âme et l'emporte loin des réalités de la vie du monde, ne me faisait aucune impression ; je pensais toujours à ces misères du cœur que je venais de retrouver, tristes et poignantes, à trois pas de moi, et devant ces misères qui avaient été les miennes, qui pouvaient m'assaillir encore et qui consumaient peut-être un cœur meilleur que le mien, les choses de la nature me semblaient fort indifférentes. Enfin l'heure arriva où je devais me rendre à l'auberge. Je rebroussai chemin et bientôt je fus au logis. Claudine m'attendait sur l'escalier. Elle m'introduisit dans la chambre de la malade. Cette chambre était mieux meublée que la mienne, le lit était au fond, surmonté d'un grand baldaquin à rideaux de toile semés de fleurs rouges. A côté, un peu en arrière, une fenêtre, voilée d'un rideau de la même étoffe, laissait passer un jour assez faible. Lorsque j'entrai, je vis au haut du lit une figure blanche qui se relevait sur ses oreillers. J'eus à peine fait un pas de plus pour l'examiner, que je m'écriai aussitôt : « Élise ! » un cri à demi étouffé me répondit : « Gustave ! » et tombant à genoux au bord du lit, je saisis la main restée sur le drap, et j'y appuyai mes lèvres avec force. Quand je me relevai, Claudine, étonnée, nous regardait l'un et l'autre, mais sa pauvre maîtresse était évanouie. Je lui baignai d'eau le visage et peu à peu elle reprit ses sens. Il y aurait mille ans d'écoulés que je me souviendrais encore de l'expression de ses yeux se rouvrant sur moi et me retrouvant près d'elle à son chevet. Il y avait comme de la honte de se remontrer en tel lieu, telle situation, et en même temps un extrême bonheur de revoir près d'elle un être sur qui elle pouvait compter. C'était comme un naufragé qui revient au-dessus de l'onde et qui trouve à sa portée une branche de salut. Elle me tendit la main et serra la mienne vivement, puis elle pria Claudine de lui aller chercher quelque chose.

« Quand nous fûmes seuls, et après un grand soupir, elle me dit :

« — Dieu ne m'abandonne pas tout à fait, puisqu'il vous a ramené vers moi.

« — Ce n'est pas faute d'avoir pensé à vous et de vous avoir cherchée, répondis-je.

« — De si grands malheurs sont venus m'accabler depuis que nous nous sommes vus !

« — Sont-ils irréparables? répliquai-je.

« — Je le crains.

« — Non, non, il est impossible que si jeune...

« — Ah! je ne suis plus qu'une ruine de toute façon, ruine de fortune, de santé... Mais ce n'est pas pour moi que je voudrais vivre.

« Je compris sa pensée.

« — Eh bien, lui dis-je, vous vivrez; si vous consentez encore à accepter mon dévouement et mon amitié.

« — Certainement, mon ami.

« Et des larmes coulèrent de ses yeux; les miennes allaient aussi tomber, lorsque Claudine reparut avec l'objet demandé.

« — Claudine, lui dis-je, je vous prie de continuer vos bons soins à madame, elle est ma proche parente; revenant d'Amérique, j'ignorais qu'elle fût ici; mais puisque je l'y retrouve, je resterai près d'elle afin de veiller à son rétablissement. Redoublez donc de zèle à son égard, et comptez sur une forte récompense.

« Claudine, qui était une brave fille et qui paraissait aimer madame de C..., protesta de son dévouement et m'assura qu'elle ferait tout ce qui dépendrait d'elle. Je pris encore la main de la malade, lui recommandai le calme et sortis de la chambre.

« J'avais, comme bien vous le pensez, le cœur

dans un état de palpitation extrême et l'âme toute brûlante. Je courus rapidement au bord de la mer pour y respirer un peu plus à l'aise. Marchant le long de la plage comme un insensé, je jetai vingt fois le nom d'Élise aux vagues murmurantes; je ressentais une joie inexprimable, j'étais comme un avare qui vient de retrouver le trésor qu'il a perdu. Peu importait l'altération du diamant, il était rendu. Puis j'ouvrais les bras comme pour étreindre l'adorable image. C'était le délire des anciens jours qui reprenait possession de mon être. Peu à peu mon exaltation s'apaisa et je rentrai avec la nuit à l'auberge. — Après avoir dîné sans faire attention le moins du monde à ce que l'on me servit, je passai le reste de la soirée dans la chambre, près de la fenêtre ouverte, à rêver à cet étrange coup du sort qui rapprochait deux êtres éloignés l'un de l'autre, d'une façon si soudaine et si imprévue. Mon plan fut vite arrêté. Devinant que la pauvre Élise n'avait plus que moi au monde pour soutien, je lui dévouais entièrement ma vie et ma petite fortune. Je l'emmenais à Paris, et là je veillais au rétablissement de sa santé et à l'éducation de son fils. L'idée du bien que je comptais lui faire me remplit le cœur d'une joie si pure, que les idées de possession amoureuse, fort naturelles cependant à mon âge, peu à peu s'enfuirent de mon cerveau, et comme il se faisait tard, me jetant tout habillé sur mon lit, j'y tombai dans un doux et profond sommeil.

« Le lendemain, aussitôt que cela fut possible, je me fis introduire chez madame de C...; elle me reçut, encore couchée dans son lit, mais elle se trouvait mieux. Je vis tout de suite à son visage, et compris à l'accent de sa voix, que notre rencontre fortuite, loin d'avoir aggravé son mal, semblait au contraire l'avoir diminué. Sa figure était toujours très-pâle; mais ses deux grands yeux bleus avaient plus d'animation. Heureux de ce changement favorable, je lui fis part de mon projet. Elle accepta ce plan avec résolution, mais non sans émotion, car sa fierté avait peine à se plier aux exigences de sa position et même à recevoir les dons de l'amitié.

« Il fut convenu qu'aussitôt que la malade s'en trouverait la force, nous quitterions Fécamp et gagnerions Paris, où, là, elle s'établirait dans un quartier isolé et tranquille, voisin de quelque promenade publique qui lui permît l'exercice sans fatigue. Je lui représentai, en même temps, à raison des soins qui lui étaient nécessaires, qu'il serait peut-être bon qu'une domestique l'accompagnât, Claudine par exemple, si cette fille lui convenait et voulait s'attacher à elle. Cette attention lui fit grand plaisir, et elle me promit d'en parler à sa servante.

« Plusieurs jours s'écoulèrent sans autre accident. Durant ces jours, je venais passer une heure ou deux auprès de la malade, et j'avais le bonheur de voir que le mieux se soutenant, elle allait être capable de se mettre en route. L'affaire de la domestique fut facile à arranger. Comme cette dernière n'était engagée au service de l'aubergiste qu'à la journée, l'appât de bons gages la décida bien vite à suivre madame de C... De mon côté, je ne perdais pas de temps, je me mis en quête d'une voiture de louage et j'en trouvai une assez convenable qui était une espèce de calèche fermée et à quatre places. Le propriétaire de la voiture me fournit un conducteur, qui devait nous mener à Rouen. Enfin, le jour arriva où madame de C..., se sentant la force d'entreprendre ce voyage, nous quittâmes Fécamp, tous les trois, par une matinée un peu fraîche et non sans un sentiment de joie, l'une de fuir des lieux où elle avait tant souffert, l'autre de rentrer à Paris avec le trésor qu'il avait retrouvé et dont il espérait n'être plus séparé. Avant de s'éloigner, madame de C... avait eu soin d'écrire une lettre pleine d'effusion reconnaissante au bon vicaire. Elle était étendue au fond de la voiture, tandis que moi et Claudine nous occupions le siége de devant. Quoique nous eussions fait deux temps d'arrêt, la route fut très-fatigante, et ce ne fut qu'assez avant dans la nuit que nous atteignîmes Rouen. Je voulais m'y arrêter un jour ou deux, mais madame de C... désira repartir le lendemain même, assurant qu'elle se reposerait sur le bateau à vapeur qui remontait de Rouen à Paris. Nous ne passâmes donc que la nuit dans la capitale normande, et le lendemain matin nous étions installés aux premières places du *Véloce*, c'était le nom du bateau qui nous ramenait à Paris. Le ciel était gris, mais l'air était doux. Il ne pleuvait pas, et l'on pouvait espérer une agréable journée de voyage. J'allais, fumant force cigares, de la cabine des dames au pont, du pont à la cabine

8.

des dames, tâchant que ma compagne fût le mieux possible, m'informant sans cesse de son état et m'occupant de toutes les choses nécessaires. Vers midi, un coup de soleil, déchirant le voile de nuages qui l'obscurcissait, vint éclairer, d'une façon splendide, la Seine et ses rives charmantes. Je descendis dans l'entre-pont et demandai à madame de C... si elle se sentait disposée à profiter de ce beau rayon de soleil ; elle me répondit que oui, et, prenant mon bras, nous montâmes faire un tour de promenade. L'air et la clarté semblaient lui être si salutaires, qu'au lieu de retourner à sa place, elle se fit apporter un pliant et s'y assit pour contempler à l'aise les beautés du paysage qui passait devant nos yeux. Je restai auprès d'elle en qualité de cicérone. Comme nous étions aux environs de Pont-de-l'Arche, ma compagne me fit remarquer sur la rive droite une haute montagne couronnée de verdure, et dont la Seine baignait le pied. C'était la montagne des Deux-Amants ; je lui en appris le nom et lui racontai à son sujet la légende de ce jeune villageois des temps féodaux qui, pour mériter la main de sa maîtresse, noble demoiselle, consentit à la porter dans ses bras du bas de la côte au sommet, effort sublime qui lui coûta la vie, car en arrivant au but il expira de fatigue. Élise écouta attentivement, et quand j'eus fini, me dit :

« — Mais, mon ami, c'est aussi un peu notre histoire... Vous entreprenez à mon égard une rude tâche... Seulement, ajouta-t-elle en me serrant la main, ce n'est pas vous qui mourrez, je l'espère.

« Quoique je fusse très-heureux de ce signe de tendresse, l'accent avec lequel elle prononça les dernières paroles, et le sens qu'elle paraissait leur attacher, me rendirent le cœur triste, et nous demeurâmes tous les deux quelque temps sans parler.

« Bientôt je lui demandai si elle voulait redescendre.

« — Non, répondit-elle, je suis bien ici..., j'y suis tranquille comme je ne l'ai pas été depuis nombre de jours... et puis chaque mouvement que ce bateau fait en avant sur l'onde me rapproche de mon cher enfant.....

« Tranquille, elle l'était assurément, heureuse, je n'aurais pas osé le dire. Ce qui était évident, c'est que chaque fois que je revenais près

d'elle, elle levait sur moi des yeux pleins de
douceur et m'accueillait avec un sourire qui me
semblait un remerciment du. bien que je lui faisais. Je voyais aussi avec un plaisir infini qu'elle
avait repris, dans ses rapports avec sa domestique et les serviteurs du bord, cet air de
fortune et de commandement qui lui était si naturel. Sauf sa pâleur, je la retrouvais telle que je
l'avais laissée, avec toutes ses grâces, sa distinction
et ce charme qui, dès le premier jour, avait
troublé mes sens et fait de moi son esclave. Nous
causâmes longtemps ensemble des arrangements
de son existence à Paris, car elle acceptait franchement sa nouvelle position, très-certaine qu'elle
était de mon dévouement à son égard. Je lui indiquai un des meilleurs hôtels du quartier du
Luxembourg. Elle agréa cette demeure. Il fut convenu aussi entre nous que je viendrais la voir
tous les jours. Apercevant dans mes yeux le bonheur que me causait une telle combinaison, elle en
eut plus d'animation au visage, quelques paroles
de gaieté sortirent même de ses lèvres, ce qui fit
de cette journée, s'écoulant paisiblement sur l'onde
au milieu d'un paysage encore riant sous les teintes

mélancoliques de l'automne, et en compagnie de la personne que j'aimais le plus au monde, une des journées les plus délicieuses de ma vie.

« Aussitôt notre arrivée à Paris, je conduisis Claudine et sa maîtresse à l'hôtel que j'avais eu en vue. Je fus assez heureux pour y trouver un appartement confortable au deuxième étage, exposé au midi et prenant jour sur le Luxembourg. Elles s'y installèrent immédiatement et je m'en retournai chez moi. Le voyage ayant beaucoup fatigué madame de C..., elle fut deux jours sans me recevoir. J'utilisai ce moment de solitude en songeant à mes affaires et me mettant en mesure d'y faire face. J'escomptai chez mon agent de change un coupon de cinq cents francs de rente, et prenant avec moi la somme, je priai Élise, la première fois que je la vis, d'en accepter la totalité.

« Elle fut d'abord un peu étourdie de mon offre. Sa fierté en parut gênée, et une rougeur légère colora ses joues ; mais se remettant vite, elle me dit :

« — Vous êtes mille fois trop bon, mon ami, ai-je besoin d'autant d'argent pour le moment...?

« Je lui répondis :

« — Vous ferez ce que vous voudrez de cet

argent, mais je désire qu'il soit à vous et que, pour quelque temps, il vous assure toute tranquillité...

« — Eh bien, ajouta-t-elle, puisque vous le voulez, je l'accepte comme un prêt que ma famille un jour...

« Elle n'acheva pas sa phrase et baissa les yeux. Je me hâtai d'aller au-devant de sa délicatesse malheureuse en répondant :

« — Je n'en doute pas, Élise ; mais pour l'instant, prenez ces billets, je vous en conjure. C'est dans l'intérêt de votre santé, dans celui de votre fils...

« — Ah ! mon cher enfant ! vous avez raison.

« Et elle prit la petite liasse de papiers que je lui tendais. Elle fut la serrer dans son secrétaire, et revenant à moi, elle me dit avec une grâce charmante :

« — Gustave, pour vous récompenser de votre générosité, nous allons aller voir ensemble Tony ; il me tarde bien de l'embrasser.

« — Très-volontiers, Élise, j'aurai aussi le plus grand plaisir à le revoir.

« La pension du jeune garçon était située dans un quartier fort éloigné, au haut du faubourg du Roule.

« Madame de C... commanda à Claudine d'envoyer un des domestiques de l'hôtel chercher une voiture, puis me priant de passer dans l'antichambre, elle se fit rapidement habiller. Le fiacre venu, elle y monta avec une prestesse et un air de contentement qui me charmèrent. Durant le trajet, son impatience était extrême. Le cocher, les chevaux l'irritaient par leur lenteur. Elle aurait voulu être transportée d'un coup de baguette à l'endroit où volait son cœur ; enfin nous atteignîmes la maison d'éducation.

« Raconter quel bonheur madame de C... eut à embrasser son fils est inutile ; Élise était très-bonne mère et la séparation paraissait avoir été d'assez longue durée ; vous pouvez donc le concevoir dans toute son étendue. Après les premières effusions de sa tendresse, madame de C... se tournant vers moi, dit à son fils :

« — Eh bien, Tony, tu ne reconnais donc pas M. Gustave ?

« — Eh si, maman, répliqua le jeune garçon.

« — Alors va l'embrasser, mon enfant, ajouta-t-elle, car c'est un excellent ami pour toi et pour moi.

« Aussitôt l'enfant vint se jeter amicalement dans mes bras qui se refermèrent cordialement sur lui. Nous eûmes vite refait connaissance. C'était le portrait de sa mère. Même coupe de figure, même finesse de traits, mêmes yeux, si ce n'est que la couleur en était brune ainsi que celle de ses cheveux. Quoiqu'il n'eût guère que neuf ans, il paraissait en avoir deux de plus. Il avait beaucoup grandi. Nous ne le quittâmes pas sans lui promettre, pour ma part surtout, de prochaines sorties et de nombreux amusements.

« Remontés en voiture, nous parlâmes, Élise et moi, naturellement de l'enfant, de son présent et de son avenir. Elle manifesta alors le désir de ne point laisser son fils dans une institution d'aussi peu d'importance que celle où il se trouvait. Elle pensait que les études, suffisantes pour le premier âge, n'y devaient plus être assez fortes pour les années dans lesquelles il allait entrer ; puis ce pensionnat était trop éloigné de sa demeure.

« — Qu'en pensez-vous, Gustave ? me dit-elle.

« Je lui répondis que je trouvais ses idées justes, et qu'il y avait un moyen facile d'y satisfaire, c'é tait de placer Tony au collége Henri IV. Là, il serait plus près de sa mère, là, il ferait certainement de meilleures études. Ce plan fut aussitôt adopté par elle. M'ayant prié de vouloir bien me charger de sa réalisation, elle parut si heureuse de mon empressement à l'obliger, que se penchant vers moi, elle fit un mouvement rapide comme pour m'embrasser... Mais tout à coup elle éloigna sa tête et se rejeta dans un coin de la voiture, fermant les yeux et étouffant de profonds soupirs. Quant à moi, j'étais tombé à ses genoux, je portais sa main à mes lèvres, et la couvrais de baisers silencieux. Nous restâmes dans cette position jusqu'à ce que le pas des chevaux nous eût fait comprendre qu'ils allaient s'arrêter. Lorsque Claudine ouvrit à sa maîtresse, elle la trouva si pâle qu'elle ne put s'empêcher de lui demander si elle n'était pas indisposée ; Élise répondit qu'elle se sentait souffrante et désirait se mettre sur son lit pour s'y reposer. Je partis la tête toute bouleversée de cette scène inattendue. J'avais bien compris cet élan, inspiré par la tendresse maternelle et dans lequel se faisait sentir aussi la passion de l'amante ; mais pourquoi le retrait de ses lèvres, pourquoi ces soupirs étouffés? Ne m'aimait-elle plus comme je l'aimais encore? Y avait-il un passé inconnu qui imposait des restrictions à son amitié? De mauvaises idées affluaient à mon cerveau et me poussaient à obtenir une explication de sa conduite. Je passai une nuit fort pénible. Le lendemain, en la retrouvant toute calme, en la voyant m'accueillir le sourire sur les lèvres, je sentis la parole expirer sur les miennes et n'osai lui reparler de la scène du fiacre de peur de troubler sa sérénité. Elle était toute à la pensée de son enfant, au plaisir de l'avoir bientôt près d'elle. J'abandonnai donc mon projet d'explication et m'occupai sur-le-champ de la translation de Tony de son pensionnat au collége Henri IV. J'arrangeai si bien les choses qu'au bout d'une huitaine l'enfant entrait dans sa nouvelle cage avec beaucoup de joie.

« Mes tristes soupçons et mes inquiétudes disparurent vite devant la confiance d'Élise et la certitude que j'étais le seul être qui pût l'entourer de soins. Je passais presque tous les jours deux ou trois heures avec elle, et je la trouvais toujours de plus en plus heureuse de mes visites. Elle me grondait même lorsque j'étais en retard de quelques minutes et se plaignait volontiers de ne pas voir nos entretiens se prolonger. Comme elle aimait les fleurs, je n'avais pas manqué de lui faire présent d'une jardinière remplie des plus belles plantes que la saison, déjà fort avancée, pouvait offrir.

« Elle avait été très-contente de ce cadeau et s'était fait, de la culture de ces plantes et de leur arrangement une occupation qui lui plaisait extrêmement. Enfin, chaque dimanche j'allais chercher Tony à son collége ; nous faisions tous les deux, quelquefois tous les trois, une promenade à pied ou en voiture, dans un jardin public ou au bois de Boulogne, puis nous dînions ensemble dans l'appartement de madame de C..., et le soir en me retirant, je ramenais l'enfant au collége. Cette vie intime et de famille me portait naturellement à des idées de mariage ; mais pensant que les chaleurs du printemps devaient rétablir tout à fait la santé d'Élise, je remettais à cette époque l'ouverture de mes projets. Elle était libre ainsi que moi, il n'y avait que sa volonté qui pût former obstacle à mes désirs ; je l'aimais tant qu'il me paraissait impossible qu'elle ne m'accordât pas ce gage suprême de tendresse. Alors je bâtissais toutes sortes de châteaux en Espagne. Comme elle avait été élevée dans le luxe et y avait longtemps vécu, je me faisais un devoir de lui procurer une vie aisée et commode. N'ayant qu'un revenu médiocre, je songeais à l'augmenter par l'emploi de mon intelligence dans une carrière lucrative. Une place financière, au midi de la France, au sein d'une contrée favorable à la constitution d'Élise, me souriait particulièrement, et je ne jugeais pas impossible de l'obtenir avec le concours des anciennes relations de mon père, qui étaient fort belles et fort puissantes. Je caressais donc cet espoir;... me voyant un but noble et charmant à remplir dans la vie, je me promettais, en l'atteignant, le bonheur, non un bonheur tumultueux et inquiet comme celui des premiers jours de notre liaison, mais un bonheur profond et tranquille comme celui qui naît de la société de deux êtres qui se connaissent et qui s'aiment.

« J'avais toujours vu Élise animée de sentiments religieux, même au milieu des plus grands étourdissements de la passion; mais ces sentiments, je ne les avais jamais vus se manifester aussi vivement que depuis notre réunion. Ses lectures étaient presque toutes des lectures de piété :

l'*Imitation de Jésus* ne quittait point sa table. Elle ne manquait pas d'entendre la messe chaque dimanche, et l'église Saint-Sulpice, peu éloignée de sa demeure, était, dans la semaine, bien plus souvent le but de ses promenades que le Luxembourg. Un jour, vers la fin du mois de janvier et au commencement du carême, un sermonneur célèbre dut y prêcher. Elle voulut l'entendre. Comme il gelait très-fort à cette époque, elle eut à l'église un tel refroidissement qu'elle en revint malade, et dans la nuit une crise semblable à celle de Fécamp s'opéra chez elle. Son état fut si mauvais qu'elle envoya chercher un médecin du voisinage. Heureusement il s'en trouva un qui consentit à venir malgré l'heure avancée de la nuit. Il lui donna les premiers soins, et ne la quitta qu'après que les phénomènes dangereux eurent complétement disparu. Le lendemain, il était encore dans la chambre de madame de C... lorsque je me présentai à la porte. Averti de mon arrivée, Élise me fit entrer; son visage était tout changé; elle me tendit la main et me dit d'une voix faible, quoique très-distincte :

« — Je suis bien aise de vous voir, monsieur Gustave... C'est un de mes amis, monsieur le docteur...

« Le docteur ne demeura pas longtemps ; après quelques prescriptions, il se retira en disant qu'il était à la disposition de madame de C..., s'il arrivait la nuit prochaine encore quelque défaillance. Ce mot m'émut tellement qu'oubliant ma position de visiteur, je me levai et suivis les pas du médecin. Avant qu'il n'eût franchi la porte d'entrée, je le priai de me dire ce qu'il pensait de l'état de la malade. Il me répondit :

« — Puisque vous êtes de ses amis, monsieur, je ne dois pas vous laisser ignorer que sa situation est des plus graves. Je la crois atteinte d'une maladie qui peut devenir très-vite mortelle si une spécialité de l'art médical ne vient pas conjurer immédiatement le mal. J'ai dit à cette dame qu'il n'y avait pas une minute à perdre, et qu'il fallait qu'elle se mît dans les mains d'un chirurgien capable. N'étant que médecin, mes soins ne peuvent être que passagers ; je dois donc céder la place à un praticien connu pour le traitement de ces sortes de maladies, et l'un des plus célèbres, celui avec qui il y a le plus chance de guérison, c'est le docteur M...; mais encore une fois, je le répète, il faut se hâter.

« Je balbutiai quelques mots de politesse et le docteur partit. L'on m'aurait coulé du plomb fondu dans les veines que je n'eusse pas plus souffert. — J'attendis un peu pour laisser mon agitation se calmer, puis je rentrai. Le premier mot d'Élise fut :

« — Le médecin me trouve bien mal, n'est-ce pas ?

« Je la rassurai de mon mieux, mais je ne lui cachai rien des paroles qu'il m'avait dites et l'exhortai vivement à suivre ses avis, à appeler près d'elle le chirurgien recommandé. Elle me répondit qu'elle était disposée à tout faire pour guérir. Je promis de lui ramener bientôt un habile homme et je m'éloignai. Il était temps, car j'éclatais devant elle. Je franchis rapidement la grille du Luxembourg et, m'asseyant sur le premier banc solitaire que j'y trouvai, je donnai un moment libre cours à mes larmes. — Mortelle ! mortelle !... Ce mot retentissait à mon oreille comme un glas funèbre. Retrouver ce cher être et le perdre encore, et cette fois pour l'éternité ! Quel malheur plus horrible ! que le sort était cruel ! Lorsque j'eus bien pleuré, la pensée que les arrêts de la médecine n'étaient pas tous irrévocables me revint à l'esprit, et quittant mon banc, je courus à la demeure du praticien indiqué. J'aurais préféré que ce ne fût pas M. M..., car il était fort de ma connaissance. C'était un ancien ami de mon père, et il me répugnait de le mettre dans la confidence de mes relations avec madame de C...; mais son grand savoir et son expérience me faisaient espérer le salut d'Élise ; je n'hésitai pas à me présenter à lui. Il me reçut avec amitié, me demanda ce que je faisais et ce que j'étais devenu depuis la mort de mon père. Je lui répondis que j'avais continué à parcourir différents pays, étudiant leurs mœurs, leurs lois et leurs arts, puis enfin j'abordai l'objet de ma visite. Je lui déclarai que je venais réclamer ses soins pour une dame créole, que j'avais connue en voyage, et qui se trouvait pour le moment fort malade à Paris. Je le mis au fait de la maladie par ce que j'en savais et lui donnai l'adresse de la patiente. Il m'assura qu'aussitôt après sa consultation, il se rendrait le jour même chez cette dame. Je le remerciai, puis m'en fus rapidement à l'hôtel prévenir Élise de l'arrivée prochaine du docteur, et en même temps l'avertir des petits mensonges que j'avais fabriqués sur son compte et sur le mien.

« M. M..., quoique brusque et même un peu bourru, était un excellent homme ; vous l'avez peut-être connu, mon ami, car qui est-ce qui n'a pas connu le célèbre docteur M..., un de nos meilleurs praticiens et l'un des plus désintéressés ? du moins vous en avez entendu parler. Eh bien, M. M..., malgré son air brusque et sa forme rude, avait beaucoup de finesse et de perspicacité ; il jugeait très-justement, non-seulement du mal de ses malades, mais aussi de leur intelligence et de leur caractère. Il fut charmé de l'esprit, de la distinction de madame de C..., et le lendemain, quand je le revis pour savoir s'il avait sur la malade la même opinion que le premier médecin, il me dit :

« — C'est une femme charmante que votre amie, Gustave, mais on m'a appelé bien tard... diable, diable !...

« Ces paroles, émanées des lèvres d'un prince de la science, me donnèrent un coup affreux. S'apercevant de mon émotion, il ajouta :

« — Je conçois que vous vous soyez attaché à

9.

cette aimable personne; elle est spirituelle et pleine de sens en même temps. Elle m'a fort intéressé en me parlant de son enfant, pour l'éducation duquel elle est venue en France... Ah! pourquoi est-elle sortie de son milieu naturel, l'air chaud et vital des colonies? Pourquoi s'est-elle rendue dans des climats aussi froids et aussi variables que les nôtres?... Et puis elle a éprouvé du chagrin, n'est-ce pas?

« Je répondis brièvement :

« — Je le crois.

« — C'est que, continua-t-il, le chagrin, un profond chagrin chez les femmes est souvent à lui seul la cause de ces terribles maladies... Enfin, Gustave, nous ferons ce que nous pourrons, je vous le promets. La nature aussi fera bien quelque chose, elle a tant de ressources!

« Ces paroles et la certitude de soins habiles et constants me remirent un peu de ma frayeur; je retournai plus calme et le visage moins sombre auprès d'Élise, ce qui était très-nécessaire pour soutenir son moral et ranimer son courage!

« Le docteur ne faillit pas à sa promesse et n'épargna pas ses visites à la chère malade. Grâce à son traitement énergique et à ses prescriptions sévères bien exécutés (Madame de C... devait garder la chambre pendant tout le temps de la saison froide, peu agir et surtout éviter les préoccupations morales), la maladie parut s'arrêter. A mesure que l'air s'adoucissait et que le printemps faisait sentir ses haleines bienfaisantes, Élise, se trouvant mieux, entrait dans l'espoir d'une entière guérison, et moi-même je le partageais. Les feuilles étaient revenues aux arbres du Luxembourg, les oiseaux gazouillaient à plein gosier ; et lorsque, par la fenêtre entr'ouverte, un beau rayon de soleil se glissait jusqu'au canapé d'Élise, sa chambre en était toute animée, et son hôtesse semblait aussi prendre sa part du renouvellement joyeux de la nature. A cette époque elle ne cessait de parler de la Martinique et manifestait un vif désir d'en revoir le ciel, les eaux et les fleurs. Revenant sur son existence de jeune fille, dans les charmantes campagnes de l'île, elle me racontait les diverses scènes de la vie des riches créoles, leurs jeux, leurs bals et leurs festins. Elle s'inquiétait de savoir si la négresse qui l'avait élevée vivait encore, me nommait ses esclaves, ses oiseaux favoris, et allait même jusqu'à regretter enfantinement les jolis petits singes qui faisaient si gentiment ses commissions.

« — Vous reverrez tout cela, lui disais-je en l'écoutant.

« — Bien vrai? répondait-elle.

« — Le docteur m'en donne l'assurance, ajoutais-je, et je crois à sa science et à son amitié.

« Alors elle m'adressait un tendre sourire qui me rassérénait l'âme. L'hôtel comptait au nombre de ses habitants un jeune peintre qui ne manquait pas de talent. Il occupait une chambre et un atelier au dernier étage. Élise, ayant eu connaissance de son voisinage, eut la fantaisie de se faire peindre par lui dans le costume des jolies mulâtresses de son pays. Claudine arrangea secrètement la chose entre sa maîtresse et l'artiste. On voulait me faire une surprise. Les séances eurent lieu aux heures où je n'avais pas l'habitude de venir. Le travail du peintre dura plus d'un mois et ne fut terminé que dans les premiers jours de juillet. Enfin arriva le moment de l'exposition. Le portrait, encore tout humide de vernis, fut dressé sur la commode de la chambre à coucher, et Élise me reçut avec le costume qu'elle avait choisi pour sa pose. Quoiqu'elle fût très-amaigrie, que les traces de la maladie fussent marquées sur son visage, elle était ravissante. Elle avait pour coiffure un madras blanc rayé de bleu qui avançait en pointe sur le front, et qui, noué coquettement sur le côté, laissait échapper en boucles fines et soyeuses ses beaux cheveux châtains. Puis elle portait, selon la mode des colonies, une grande robe de mousseline blanche en forme de peignoir et à demi-ouverte à la hauteur des seins. Un ruban bleu, en guise de collier, entourait son cou. Cet habillement lui allait à merveille, et déjà je le lui avais vu prendre, l'été, à la campagne de son oncle. Je lui en fis mon compliment, et lui demandai en riant si elle allait partir pour l'Amérique... Sa réponse fut de me prier de diriger mes yeux vers la commode et de regarder le portrait qui s'y trouvait placé, afin de lui dire si l'artiste avait réussi dans son travail, et si la copie ressemblait au modèle. Je me retournai rapidement et, charmé de voir que le peintre avait rendu l'original avec délicatesse et vérité, je louai fort l'exécution de son œuvre, surtout la bonne idée qui l'avait fait entreprendre. Élise m'expliqua la manière dont elle s'y était prise pour arriver à un résultat si désiré, et termina par ces mots :

« — Puisque ce portrait vous plaît, voulez-vous bien, Gustave, en accepter la possession jusqu'à la majorité de mon fils?

« Point n'est besoin de vous dire si je la remerciai d'une telle marque d'amitié. J'acceptai avec bonheur; mais je lui demandai la permission d'en garder une copie au moment où le tableau rentrerait dans les mains de Tony. Cette permission fut joyeusement accordée, et indépendamment de son aimable présent, Élise voulut que je restasse à dîner avec elle. Le repas fut un tête-à-tête charmant dans lequel nous ne parlâmes guère que de l'Amérique, de ses grands bois, de ses montagnes d'azur, de ses eaux jaillissantes et des délices de la vie à ciel ouvert et en pleine nature. Au dessert, comme je buvais à sa santé, elle versa dans son verre une larme de vin, et me répondit en choquant le mien : « *A notre prochain départ!* » Ce *notre* me comprenait-il? Je le crus, et l'éclair d'un rêve de bonheur passa devant mes yeux. Nous demeurâmes le reste de la soirée près de la fenêtre ouverte, car il faisait très-chaud, à voir les promeneurs entrer ou sortir à la porte du Luxembourg, et le ciel orageux et grondant darder ses dernières lueurs à travers les grands arbres. Elle était couchée sur son canapé, dans son vêtement de créole, et moi j'étais assis près d'elle. Mes regards, qui allaient sans cesse de la rue aux siens, les virent peu à peu se fixer et devenir comme somnolents. Elle était immobile et muette. Un trait lumineux tout à coup sillonna la nuit, elle fit un mouvement.

« — Qu'avez-vous? lui dis-je?

« — Rien, répondit-elle, mais je me sens très-oppressée..., ce temps d'orage me fatigue.

« Et elle me pria de sonner Claudine. Je le fis plusieurs fois sans que cette dernière parût. Elle la pensa sortie et sembla en être contrariée.

« — J'aurais voulu me coucher, reprit-elle, mais en l'attendant je ne serais pas fâchée de me reposer sur mon lit. Je fermai la fenêtre, j'allumai une bougie et vins mettre un tabouret sous ses pieds pour l'aider à gravir la couchette. En me relevant, et la trouvant presque dans mes bras, je ne pus m'empêcher de la presser sur mon sein, et je cherchai vivement à poser mes lèvres sur les siennes ; mais elle rejeta sa tête en arrière et, écartant ma bouche de ses mains, elle s'écria :

« — Gustave, Gustave, je vous en supplie, laissez-moi !

« Puis, comme je redoublais mes caresses, elle fit un effort violent, et, s'échappant de mes bras, elle alla se jeter toute palpitante sur le canapé. Je l'y suivis ; me mettant à genoux, je lui demandai pourquoi elle se dérobait à mes baisers, quel dégoût pouvais-je lui inspirer ? Je n'en eus pour réponse que ces mots :

« — Gustave, au nom du ciel ! éloignez-vous.

« Et, fermant les yeux comme elle l'avait déjà fait dans le fiacre, elle ensevelit son visage dans l'un des coussins du canapé. Je me relevai alors rapidement, et pris d'une colère insensée, je m'écriai :

« — Ah ! je le vois maintenant, Élise, vous ne m'avez jamais aimé !... Mes beaux jours de Senlis n'ont été qu'une surprise des sens et non de l'amour ; et l'étourdissement passé, le pauvre amant a été bien vite rejeté... Pourquoi, après vous avoir fui, vous ai-je retrouvée !...

« Élise, à ces mots, poussa un grand cri, et, fondant en larmes, me dit à travers ses sanglots :

« — Ah! Gustave, que vous êtes cruel!

« Ses larmes et ses paroles pleines d'une expression poignante me rapprochèrent d'elle, et, m'asseyant au chevet du canapé, prenant sa main brûlante et mouillée de pleurs, j'implorai son pardon, sollicitant doucement, tendrement, une explication de l'espèce de répulsion qu'elle semblait éprouver à mon égard. Alors, retirant son front du coussin où il était plongé, elle me répondit :

« — Mon ami, ce n'est pas mon pauvre corps, mon triste corps que je défends contre votre amour, mais mon âme...

« — Comment, fis-je, tout stupéfait, votre âme...

« — Oui, mon âme, reprit-elle, car je ne veux pas retomber en damnation...

« — Mais, que voulez-vous dire?...

« — Je veux dire, ajouta-t-elle, que je vous aime, que je n'ai jamais aimé que vous..., que si des apparences, des circonstances plus fortes que moi vous ont fait croire, dans un certain moment, à un abandon de ma part, et vous ont entraîné à une fuite soudaine... ce fut une fatalité, un malheur dont j'ai souffert horriblement, plus que vous peut-être... Que n'aurais-je pas donné pour pouvoir vous rassurer, vous éclairer! mais vous étiez parti, me gardant sans doute un mépris que je ne méritais point... et je ne savais pas où vous étiez... Durant votre éloignement, est arrivée la ruine de mon oncle..., la mienne..., puis ma maladie à Fécamp. En cet instant je me suis sentie si mal que j'ai cru mourir. Je me suis confessée et j'ai promis au prêtre qui était venu m'assister, si j'échappais à la mort, de vivre d'une vie religieuse le reste de mes jours. Par une sorte de prodige, de miracle, la Providence vous a ramené près de moi... bon et aimant comme je vous avais toujours connu... Je l'en ai remerciée de tout mon cœur et je l'en remercie encore à chaque heure de mon existence, car elle nous a donné en vous, à moi et à mon fils, un ami dévoué, un soutien véritable. Maintenant, si vous m'aimez toujours autant que je vous aime, aimez-moi saintement, comme un vrai chrétien... Mon ami..., mon cher Gustave, veuillez bien être mon mari et je vous appartiens toute entière.

« Ces paroles m'émurent au delà de toute expression, et sans quitter la main d'Élise que je baisais avec ardeur, me précipitant de nouveau à ses genoux, je m'écriai :

« — Cher ange de ma vie !... Quand vous voudrez, demain..., le plus tôt possible !... Je suis éternellement à vous.

« En ce moment, il se fit du bruit à la porte de l'antichambre. C'était Claudine qui rentrait. Je me levai soudain ; allant au-devant d'elle, je la grondai d'être restée si longtemps dehors, et lui annonçai que sa maîtresse était fort souffrante, presque sur le point de tomber en défaillance. Je l'invitai à m'aider à transporter madame de C... sur son lit. Ce n'était pas tout à fait un conte de ma part, car la pauvre Élise était réellement épuisée par la scène qui venait d'avoir lieu.

« Ce soir-là, je regagnai ma demeure dans un grand apaisement d'esprit. J'avais eu l'explication de faits lointains qui m'avaient été très-douloureux, et sur lesquels madame de C... n'était jamais revenue. J'avais aussi la raison de sa résistance à l'expression de mon amour, raison très-naturelle, et que j'aurais dû pénétrer si j'eusse eu moins de sensualité dans ma passion, et si j'eusse traité plus sérieusement les sentiments religieux de mon amie. Coquette, elle l'avait été certainement, car j'avais été trop malheureux des hommages que je l'avais vue accepter de plusieurs autres hommes. Infidèle, je le crus un instant, puisque ma fuite en Italie avait eu pour cause cette pensée. Mais à présent, et depuis notre réunion, je ne pouvais plus douter de sa constance et de son affection. Le bonheur de se sentir aimé est si grand qu'il chasse non-seulement de l'âme les nuages que le soupçon y amasse; mais encore qu'il l'élève à une intelligence plus haute du caractère de l'amour. Ainsi, tout en jouissant délicieusement des sentiments d'Élise à mon égard, je comprenais mieux ce qu'ils avaient de pur et de profond, combien les idées religieuses, loin de les diminuer, en augmentaient la force, et combien même une sanction légale leur était nécessaire.

« Lorsque je la revis, il fut convenu avec elle que j'écrirais sur-le-champ au maire de Saint-Pierre, afin d'avoir les actes voulus par l'état civil pour la célébration de notre mariage, l'extrait constatant le décès de son mari, celui de ses parents et son acte de naissance. Ces pièces étaient obligatoires. Toute cette affaire, aller et retour, pouvait bien durer quatre bons mois, et nous ne vîmes pas sans chagrin tous les deux un si long temps s'interposer entre nos désirs. L'été se passa assez doucement, quoiqu'il ne fût pas très-favorable à la santé de mon amie, à cause des nombreuses variations de l'atmosphère.

« Les vacances arrivèrent. Tony fut installé dans une chambre de l'hôtel et, durant tout le mois de septembre qu'il y séjourna, sa vue et son babillage procurèrent quelque bien à sa mère. Comme elle ne quittait que rarement son logis, l'enfant était désolé que madame de C... ne l'accompagnât pas dans ses promenades et n'eût point part à ses plaisirs.

« — Monsieur Gustave, me disait-il souvent, que pense le médecin de la maladie de maman? Est-ce qu'elle ne sera pas bientôt guérie?

« Je lui répondais de mon mieux, je le rassurais en lui faisant entendre que la guérison de sa mère était subordonnée à un grand calme d'esprit et une grande tranquillité de corps. Cependant il fit tant, avant de rentrer au collége, qu'elle consentit à se rendre en voiture avec lui et moi au bois de Boulogne. La chère malade le voyait si heureux de cette promenade qu'elle n'eut pas le courage de s'y refuser. Le premier dimanche d'octobre nous partîmes tous pour le bois, même Claudine dont la présence fut jugée utile. La journée était belle, le soleil dardait encore assez vivement ses rayons, malgré de grosses nuées violettes qui se balançaient dans le ciel. Nous entrâmes par la porte Maillot. A quelque distance et en tirant sur la droite, la voiture s'arrêta et nous déposa au bord d'une partie du bois entièrement isolée. Nous laissâmes le fiacre dans l'allée, et, pénétrant à travers le fourré, nous nous installâmes non loin, au milieu d'une belle place garnie de gazon fin.

« Tandis qu'Élise s'y reposait, jouissant du calme des lieux et aspirant la bonne odeur des herbes, Tony avait mis bas son habit et courait après les jolies fleurs qui apparaissaient encore, afin d'en offrir un bouquet à sa mère. Tout à coup le ciel s'obscurcit et il tomba inopinément sur nous une effroyable averse. Elle fut si forte que le temps de nous lever, d'appeler

Tony et de regagner la voiture nous fûmes tous inondés d'eau. Élise, malgré nos habits et le châle de sa domestique qui lui couvraient la tête et les épaules, le fut beaucoup plus que nous ne pensions. Nous rentrâmes au plus vite, mais le trajet était considérable, et, durant la route, Élise se plaignit d'un froid mortel. En arrivant, l'on fit grand feu, on chercha à la réchauffer de toutes les façons; peine inutile, elle grelottait. Elle se mit au lit, et la fièvre vint s'y coucher avec elle. Tony était au désespoir et se reprochait amèrement le mal qui frappait sa mère. Pauvre enfant! j'étais encore plus désolé que lui, car je ne prévoyais que trop les conséquences de cet accident. Le bon docteur prodigua de nouveau à la malade toutes les ressources de son art; mais il eut beau faire, la maladie avait reparu avec un caractère tout à fait alarmant.

« Madame de C... ne se fit pas illusion sur son état. Trois semaines après la rentrée de son fils au collége, séparation qui avait été très-douloureuse de part et d'autre, étant près d'elle assis et essayant de lui donner de l'espoir, elle me dit :

« — Mon ami, je vous sais gré de vos paroles,

mais je me crois dans cette crise plus profondément atteinte que dans les autres.

« — L'hiver dernier, vous fûtes bien autrement malade.

« — L'hiver dernier, répliqua-t-elle, j'avais plus de forces et cette fièvre qui ne me quitte pas les épuise...

« — Elle tombera.

« — Que Dieu veuille vous entendre, Gustave ! ajouta-t-elle d'un air de doute...

« Elle était pleine de découragement et, cependant, les soins que je lui prodiguais la rattachaient tendrement à la vie.

« Sur ces entrefaites et comme nous entrions dans les premiers jours de novembre, je reçus d'Amérique les papiers nécessaires à notre mariage.

« Je courus vite chez Élise lui en donner avis et les lui montrer. Elle les ouvrit d'une main frémissante, les baisa et les éleva à la hauteur de ses narines comme s'ils eussent conservé une odeur de la terre natale.

« — C'est heureux, bien heureux, dit-elle d'un œil brillant presque de joie. Portez-les à la mairie et passez à l'église dire à mon confesseur de venir me voir. Combien de jours prendra la publication de nos bans?

« — Quinze, répondis-je.

« — Oh ! j'espère que Dieu me fera la grâce d'aller jusque-là.

« — Pourquoi vous inquiéter, Élise ? maintenant que nous tenons en main ces actes, nous pourrons attendre que vous soyiez mieux.

« — Non, Gustave, il faut que nous soyions unis, et le plus tôt possible. Croyez-le bien, je serai capable de soutenir les fatigues de la cérémonie... Mais vous, me dit-elle vivement, il faut vous préparer à l'acte saint du mariage, il faut vous approcher du tribunal de la pénitence... Le ferez-vous ?

« — Certainement, Élise, lui répondis-je sans hésiter.

« — O mon ami ! j'osais à peine vous demander cette grâce, mais je vous avoue que vos dernières paroles me donnent une grande satisfaction...

« Dégageant alors sa main des draps du lit, elle me présenta une bague d'or et ajouta :

« — Vous aurez la bonté de faire faire par le premier bijoutier venu un anneau semblable à celui-ci. Il y gravera votre nom à l'intérieur. Vous aurez

10

soin aussi d'en avoir un autre à la mesure de votre doigt et portant mon nom. Ce seront nos alliances. Occupez-vous de tout cela sur-le-champ, car il n'y a pas un moment à perdre...

« Je lui donnai l'assurance que les actes seraient le jour même déposés à la mairie et que la commission chez le bijoutier serait faite. Je pris la bague et me levai, mais, avant de sortir, je dis à la chère malade :

« — Je passerai aussi chez mon notaire où je ferai dresser notre contrat de mariage.

« — A quoi bon? reprit-elle toute surprise.

« — Pour régler nos apports, répliquai-je.

« — Mais, mon ami, je n'ai rien, absolument rien.

« — Vous me permettrez bien, Élise, de vous reconnaître soixante mille francs.

« — Oh! Gustave! fit-elle en poussant un grand soupir, et ses yeux se mouillèrent de larmes.

« Puis, après un moment de silence, elle ajouta à demi-voix :

« — Faites comme il vous plaira.

« Elle me tendit la main en signe de remercîment, serra vivement la mienne et inclina même sa tête comme pour y imprimer ses lèvres ; mais ce fut moi qui la prévins et qui couvris la sienne de mes baisers. Enfin je m'éloignai, le cœur tout bouleversé de bonheur et de peine. Ah! que dans un autre temps et sous l'empire d'idées moins sombres, ces soins charmants du mariage m'eussent été doux!

« La plupart du temps, ce n'est que quand on touche à une situation difficile que l'on y pense sérieusement et qu'on en comprend toute la gravité. Dans mes idées d'union avec Élise je n'avais jamais arrêté mon esprit sur la question religieuse. Aujourd'hui il fallait m'en occuper, et, je dois le dire, si j'avais pu l'éviter, je l'eusse fait volontiers. Ne croyant plus aux dogmes de l'Église, je devais néanmoins agir en catholique. Cette conduite blessait ma conscience, et, d'un autre côté, comment refuser à ma meilleure amie une telle satisfaction ? Pouvais-je attrister son âme quand son corps était si affligé ? N'était-il pas cruel de l'inquiéter à cette extrémité ? Je m'en rapportai aux prescriptions du sentiment ; il m'avait déjà dicté ma réponse. Je résolus de m'y soumettre et je me confessai. Il m'en coûta, mais je remplis l'obligation sacerdotale en toute franchise, et je fis l'aveu de mes fautes avec le scrupule et les soins d'un vrai croyant.

« Lorsque Élise me revit, elle m'en témoigna de nouveau son contentement.

« — Ce que vous avez fait, Gustave, est une bonne action, me dit-elle, et plus que jamais je désire... vivre.

« — Vous vivrez, Élise, répondis-je. Si humble qu'il soit, j'espère que mon acte ne vous nuira pas dans la protection de Dieu...

« Ah! que n'aurais-je pas fait pour l'enlever à la terrible maladie qui la consumait! Malheureusement les ravages augmentaient de jour en jour. Ce n'était plus que difficilement que l'on pouvait alimenter ce pauvre corps ; l'estomac était en proie à de fréquentes convulsions, et les saignées, jugées nécessaires, tout en soulageant la malade, l'affaiblissaient. Quand j'interrogeais le docteur, il me répondait à peine, et si je lui demandais quel serait l'effet d'une sortie en pareil état, il répliquait : « Probablement funeste, » et il s'y opposait de toutes ses forces.

« Cependant Élise, sous une frêle apparence, cachait un caractère énergique. Son idée fixe et constante était l'acte de notre mariage, acte civil et religieux, et elle était résolue à profiter du moindre instant de mieux pour l'accomplir. Il n'y avait donc qu'à se conformer à sa volonté et à prendre pour sa personne toutes les précautions nécessaires. Une chaise à porteurs devait la descendre de sa chambre et la monter jusqu'à la salle de la mairie qui était située à trois pas de son domicile, rue Garancière. De là à Saint-Sulpice, le trajet était fort court. Les formalités de l'état civil seraient abrégées autant que possible ; on n'aurait à entendre qu'une messe basse pour la bénédiction nuptiale ; nulle autre assistance que les quatre témoins. Lorsque ces arrangements furent connus d'elle, elle les approuva, et soit répit du mal, soit influence de la volonté, la fièvre diminua tellement qu'elle put se lever et même s'occuper des apprêts de sa toilette. La vue de Tony que j'étais allé chercher à son collége contribua pour beaucoup à cette amélioration. Ayant annoncé à l'enfant que sa mère allait m'épouser, il en parut si enchanté qu'elle en éprouva un grand encouragement. Aussi, la veille du mariage, le notaire étant venu présenter le contrat à sa signature, supporta-t-elle assez bien sa visite.

« Enfin le jour solennel, le jour tant désiré arriva.

« Pourrai-je jamais l'oublier ?

« La nuit qui l'avait précédé ayant été mauvaise, Élise eut beaucoup de peine à surmonter sa faiblesse. Elle concourut néanmoins avec quelque animation à son habillement. Elle était vêtue d'une simple robe de soie violette doublée de ouate, et portait sur la tête une capote de même étoffe et de même couleur, ornée de dentelles. Par-dessus sa robe, une grande pelisse de velours noir bordée de fourrures de martre achevait de la garantir du froid. Quoique très-pâle, un peu de sang avait reparu sur les pommettes de ses joues, et ses yeux bleus brillaient d'une façon extraordinaire. Quand les témoins furent présents (les siens étaient le docteur et le maître de l'hôtel, les miens, notre jeune peintre et un ancien camarade que j'avais retrouvé depuis peu), elle les accueillit d'un salut et d'un sourire gracieux. Elle serra surtout très-vivement la main du docteur, mais elle ne parla pas.

« Alors nous partîmes, les témoins devant et moi derrière la chaise à porteurs avec Tony et Claudine.

« Parvenue à la salle de la mairie et installée à l'aise dans un fauteuil, Élise y soutint fermement son rôle. Elle prononça son engagement d'une voix brève mais nette, et signa résolûment la déclaration rédigée par l'employé. Puis les formalités civiles accomplies, nous nous mîmes en route pour l'église.

« Durant la séance, il s'était opéré un changement dans l'atmosphère. De sec et de froid, le temps était devenu humide et neigeux. Le docteur craignit pour la malade un effet funeste. Il aurait voulu qu'on s'en retournât vite à l'hôtel, mais dans la pensée d'Élise la consécration religieuse était trop importante pour qu'on l'évitât ; sans la bénédiction du prêtre elle se serait crue mal mariée.

« Nous entrâmes donc à Saint-Sulpice. La chapelle où le service devait avoir lieu était située entre celle de la Vierge et la sacristie. Elle était assez étroite et ne pouvait guère contenir que nos amis. Ce fut le confesseur d'Élise qui vint prononcer les paroles sacramentelles. Il fut un peu long dans son oraison, et quand il dut passer les anneaux aux doigts des époux, je remarquai que la main de la mariée était toute tremblante et que son regard vacillant semblait s'obscurcir. Elle répondit d'une voix éteinte à la parole du prêtre, et comme il lui avait fallu se lever et rester quelque temps à genoux durant la bénédiction, les forces l'abandonnèrent et elle tomba lourdement sur son fauteuil.

« L'abbé, qui venait de prononcer les derniers mots, remonta vite à l'autel sans s'apercevoir de l'état d'Élise ; hélas ! elle était évanouie.

« Nous transportâmes, le docteur et moi, ma malheureuse femme dans la sacristie. Là, à force d'eau fraîche et respiration de sels, on la fit revenir; mais elle n'était plus capable de supporter l'audition du reste de la messe. Il fallait se hâter de retourner au domicile de la mariée. On convint qu'on enverrait signer l'acte du mariage religieux chez elle et que les témoins passeraient le lendemain à l'église pour écrire leurs noms sur le registre des célébrations. Puis, à travers une foule de spectateurs que la curiosité avaient attirés sur nos pas et qui disaient, assez haut pour qu'on l'entendît, que la mariée était morte, nous gagnâmes la rue et prîmes le chemin de l'hôtel.

« Élise était dans un état déplorable ; Tony sanglotait, Claudine pleurait, tout le monde semblait perdre la tête ; j'étais atterré.

« On porta la malade jusqu'à son lit et on l'y déposa sans pouvoir la déshabiller. Ses traits étaient bouleversés.

« Vous jugez, mon ami, de mon affreuse position. Je congédiai nos témoins et ne gardai près de moi que le docteur en le suppliant de ne pas abandonner ma pauvre femme. L'excellent homme me serra la main et m'assura que ce n'était pas dans un moment pareil qu'il pouvait s'éloigner. Selon son avis, nous la laissâmes tranquille et dans l'état d'immobilité où elle était plongée, seulement on l'enveloppa de couvertures chaudes. Ses mains et ses pieds étaient glacés et sa poitrine haletait fortement. Elle tenait ses yeux fermés. Je regardais le docteur avec anxiété. Sans me répondre il secouait la tête de l'air le plus triste.

« Au bout d'une demi-heure de silence, Élise fit un mouvement et demanda son fils. Je courus le chercher dans la pièce voisine et le lui amenai.

Elle l'attira vers elle et l'embrassa avec une tendresse inexprimable. Puis, comme si cet effort l'eût épuisée, elle rejeta sa tête sur l'oreiller. Enfin, après quelques moments d'un nouveau silence, elle pria le docteur de vouloir bien passer deux ou trois minutes dans la première chambre avec Tony et Claudine. Comme j'allais les suivre, elle me fit signe de rester.

« Dès qu'elle se vit seule avec moi, elle se releva d'elle-même, et comme par un effort convulsif, sur son séant; puis, fixant sur moi deux yeux d'un regard étrange et singulièrement vif, elle me dit d'une voix entrecoupée :

« — Gustave, Gustave, donnez-moi votre main.

« — La voici, Élise.

« — Me promettez-vous d'être toujours un bon père pour Tony ?

« — N'en êtes-vous pas certaine, Élise ?

« — Jurez-le-moi !

« — Je vous le jure.

« — C'est bien, Gustave, c'est bien, embrassez-moi !

« Et, se penchant vers moi, elle appuya ses deux lèvres sur les miennes.

« Je l'embrassai de toutes mes forces ; mais, après quelques secondes d'effusion, elle poussa un grand soupir, ferma les yeux et laissa retomber sa tête en arrière.

« Je courus vite à la salle à manger, appelant le docteur et Claudine au secours. Ils se précipitèrent avec moi vers le lit. Claudine frotta les tempes de sa maîtresse d'eau de Cologne. On lui fit respirer du vinaigre ; rien ne put la tirer de son évanouissement. Le médecin interrogea le pouls, écouta le cœur. Ils ne battaient plus. C'en était fait d'Élise. Elle était morte !...

« M. M... voulut m'emmener chez lui, mais j'eus assez de force de volonté pour résister à ses instances. Je le priai seulement de se charger de Tony, ce qu'il fit sur-le-champ avec sa bonté accoutumée. Quant à moi, j'avais résolu de demeurer toute cette nuit près du corps de ma pauvre femme.

« Vous dire, mon ami, quelle fut cette nuit, serait encore trop déchirant pour moi ; vous pouvez vous le figurer. Élise étendue dans son lit avec la pâleur et la sérénité de la mort et moi à côté d'elle, ne cessant de la regarder, de pleurer et de l'embrasser, telle fut ma situation durant ces tristes heures.

« Le jour vint, et alors il me fallut quitter cette forme chérie. Je dus reprendre toute ma raison et ma vigueur afin d'arriver à l'accomplissement des derniers devoirs. Le maître de l'hôtel m'accompagna à la mairie pour la déclaration du décès; puis le service funéraire, l'achat d'un terrain à l'Hôtel-de-Ville occupèrent les derniers instants de la journée.

« La seconde nuit s'écoula comme la première, à côté d'Élise, parée et revêtue par les soins de Claudine de sa robe de créole et paraissant réellement plutôt endormie que morte.

« Le lendemain, quelques personnes avec moi et Claudine suivaient son cercueil à Saint-Sulpice et au cimetière du Montparnasse...

« La mort de mon amie devait amener un changement dans mon existence. Je devenais le père de son enfant. Il fallait donc m'arranger de mon mieux pour remplir à son égard les promesses de mon affecion.

« Pendant quelques jours nous habitâmes ensemble mon logement de la rue Saint-Honoré. Je tâchai de distraire Tony par diverses promenades aux musées et aux établissements publics les plus capables d'exciter sa curiosité, mais il aimait mieux rester dans sa chambre à rêver ou les yeux plongés dans un livre. Je le laissai agir à sa guise, et, au bout d'une quinzaine à peu près, je le ramenai à son collége. Pendant ce temps j'avais donné congé de l'appartement de la rue de Vaugirard et renvoyé Claudine dans son pays après lui avoir distribué la plus grande partie de la garde-robe de sa maîtresse et l'avoir gratifiée largement. Je fis aussi une folie, si l'on peut appeler folie un acte de sentiment : j'achetai tout l'ameublement de la chambre d'Élise. Il plaisait à ma tristesse de conserver les objets au milieu desquels elle avait passé ses derniers jours. Ce sont les meubles qui occupent la pièce du fond de cet appartement. En les visitant je me fais parfois illusion, il me semble que leur maîtresse ne s'est éloignée que pour un temps et qu'elle va revenir.

« Comme j'avais besoin d'occuper le vide que la disparition de l'être aimé avait fait dans ma vie, je sollicitai, par l'entremise du docteur, une place d'employé à l'administration du chemin de fer d'Orléans. J'eus la chance de l'obtenir; pour être plus à portée de mon bureau et du collége Henri IV, je transportai mes pénates de mon ancien domicile aux lieux où je réside aujourd'hui. Cette modeste place de commis avait aussi un autre but, celui de réparer un peu les brèches faites à ma petite fortune, car mes dépenses avaient été très-fortes depuis le voyage de Fécamp. Elles s'étaient accrues non-seulement de la somme que j'avais mise à la disposition d'Élise en revenant à Paris et des frais de sa maladie, très-grands, mais encore d'une autre somme également importante que j'avais voulu aussitôt après sa mort rembourser à l'un de ses créanciers. Voici le fait.

« Quelques jours plus tard, visitant les meubles de la chambre de ma pauvre femme, je trouvai dans un petit coffret placé au fond de la commode, une lettre précieusement enveloppée d'un papier blanc qui contenait cette suscription : *à garder ; lettre concernant une dette d'honneur et que je recommande à mon fils.* Je l'ouvris et la lus. Elle était datée de Rouen, remontait aux derniers jours de l'année précédente, et était signée

Charles V... C'était le nom d'un banquier de Rouen, ancien ami et correspondant de l'oncle d'Élise. Cet individu remerciait madame de C... de ce qu'elle lui envoyait la reconnaissance d'une somme de 20,000 francs qu'il lui avait prêtée en plusieurs portions depuis la mort de M. J... Il lui témoignait une grande douleur d'avoir vu leurs relations amicales se rompre d'une façon si inattendue et si incompréhensible, relations qu'il avait toujours espéré fixer au moyen d'un mariage, et il terminait par des vœux sincères pour le rétablissement de sa santé et pour son bonheur.

« Le post-scriptum parlait de madame V..., mère, et contenait, de la part de cette dame, des regrets profonds du parti qu'avait pris madame de C... de s'éloigner de sa maison des Thernes, retraite qu'elle eût aimé encore partager avec elle.

« Cette lettre polie dans la forme, mais un peu sèche au fond, fut un nouveau trait de lumière pour moi. Elle m'apprenait ce que ne m'avait pas dit Élise, quelle avait été sa position depuis la mort de son oncle et où elle avait passé sa vie. Moi qui connaissais sa fierté, je compris combien elle avait dû souffrir des services et de l'hospitalité de M. Char=

les V... Je compris aussi ses déférences, en certain temps, à l'égard du riche ami de son oncle, probablement alors fort embarrassé dans ses affaires. Il était certain que M. Charles V... avait été amoureux d'elle, cette lettre le laissait voir, et j'avais trop souffert moi-même des assiduités du personnage. Il était clair aussi que, profitant de mon départ, de la situation affreuse d'Élise, seule, à mille lieues de son pays et sans aucune fortune, il avait eu beau jeu pour me chasser de son esprit et me supplanter dans son amitié. Peut-être serait-il arrivé à obtenir, je ne dis pas sa tendresse, mais sa main (car, pour sauver son enfant, que ne fait pas une mère !) sans la scène de Fécamp, motivée sans doute par une lésinerie d'argent ou quelque lâcheté de cœur et coïncidant avec mon retour inopiné.

« Quoi qu'il en soit, j'avais eu l'affection de madame de C... jusqu'à ses derniers instants, je lui avais même donné mon nom quelques minutes, je devais donc acquitter la dette contractée par elle en des jours malheureux, et, comme tuteur de son fils, j'envoyai immédiatement, au nom de ce dernier, le montant de la somme reconnue à M. .V...

« Telle est, cher monsieur, ma triste et douloureuse histoire. Elle est un peu longue, je ne vous en ai pas épargné les détails ; mais je vous crois assez mon ami pour penser que vous n'avez pas cessé un seul moment d'y prendre intérêt. »

— Très-certainement, Gustave, lui répondis-je, très-certainement, et je vous remercie de cette amicale confidence. Cependant je vous plains de tout mon cœur et regrette plus que jamais une chose.

— Laquelle? fit-il.

— C'est de vous avoir rencontré dans les Tuileries en 1836.

— Ah ! ajouta-t-il, vous avez des remords de m'avoir conseillé d'aimer.

— Ma foi, oui! répliquai-je, car à voir quelles ont été les conséquences de mes conseils, il faudrait être bien léger pour n'en pas ressentir.

— Rassurez-vous, cher monsieur, continua mon ami, et ne vous croyez nullement responsable d'une conversation de printemps. J'étais parfaitement libre d'accepter votre idée ou de la rejeter. Si je l'ai suivie, c'est qu'il m'a plu de le faire. Au reste, je vous répéterai ce que je vous ai déjà dit, je crois, dans la lettre que je vous écrivis en quittant la France : vous m'avez arraché à une apathie, à une langueur pire que la mort... J'ai souffert beaucoup, il est vrai, et je souffre encore ; mais j'ai vécu, je vis, et si le bonheur n'est plus possible pour moi en ce monde, il me reste un devoir à remplir, une noble et sainte occupation pour le reste de mes jours : l'éducation et la direction de l'enfant qu'Élise a laissé à mes soins. C'est son image vivante, c'est son âme, quoique mêlée à une autre ; mais son âme, encore présente sur terre, que je veux aimer et rendre heureuse autant qu'il dépendra de moi. Maintenant que vous êtes initié à tous les secrets de ma passion, permettez-moi de vous faire connaître les traits de la personne qui en fut l'objet. Par ce que vous en verrez, peut-être aurez-vous l'idée de ce qu'elle a pu être.

— Très-volontiers, lui dis-je en me levant ; je n'aurais pas osé vous demander cette faveur, mais puisque vous me l'offrez, je l'accepte avec empressement...

Et nous passâmes tous les deux dans l'arrière-pièce.

Gustave enleva la gaze qui recouvrait le portrait, et je vis l'image charmante d'une femme de trente ans au plus, peinte avec la coiffure et l'habillement négligé d'une femme de couleur des Antilles. C'était une figure d'un élégant ovale, un peu pâle, mais dont le ton de chair fin et transparent s'accordait on ne peut mieux avec de beaux cheveux châtain clair tombant en boucles des deux côtés de la tête, à la manière anglaise. Quoique à demi-voilé par le mouchoir rayé de bleu, le front était haut et intelligent. Le nez, un peu bombé à sa racine, descendait noblement en ligne droite sur une bouche délicate. Mais le trait caractéristique était deux grands yeux bleus bien fendus, surmontés de sourcils arqués à l'orientale, et dont le sérieux profond et mélancolique contrastait avec le sourire ébauché des lèvres. Le cou était long, sveltement attaché aux épaules et dénonçait une personne d'une taille au-dessus de la moyenne. En somme, une ravissante figure, très-distinguée et des plus sympathiques.

— Tout cela est bien froid auprès de la vie, me dit Gustave, mais enfin vous pouvez concevoir...

— Oui, je vois, répliquai-je, que vous avez fait

une grande perte sous tous les rapports, sous le rapport du sentiment et de la grâce des formes.

— Ah ! fit-il avec un profond soupir, de tels êtres sont rares, et qui a le malheur de les perdre ne s'en console jamais !

Durant notre entretien le soleil avait beaucoup baissé. Il était plus que l'heure de retourner chez moi. Je pris congé de Gustave; mais, en le quittant, j'obtins de lui la promesse qu'il viendrait bientôt me voir, me réjouissant de le présenter avec son jeune ami à ma femme. Il allait sans dire que tout ce que j'avais entendu devait rester enseveli au fond de ma mémoire. Nous nous serrâmes la main et je partis.

Gustave tint sa promesse. Il vint effectivement me rendre visite en compagnie de son pupille. Le charmant garçon ! Je reconnus en lui les traits de l'être adoré par mon ami. Il plut extrêmement à ma femme, et mes petits enfants, quoique beaucoup plus jeunes, se livrèrent à lui avec une entière confiance. M. Tony les amusait par des tours de cartes qu'il avait appris au collége ou leur enseignait divers jeux d'exercice dans le jardin de la maison. C'était plaisir de voir les deux marmots à ses trousses; mais ce qu'il y avait de touchant, c'était l'attention perpétuelle de Gustave à son égard. Il ne le perdait pas un seul instant des yeux et ne cessait de lui dire, s'il courait avec les enfants :

— Tony, prenez garde de trop vous échauffer!
Ou s'il sautait :
— Prenez garde de vous faire du mal!

La mère la plus tendre et la plus inquiète n'eût pas mieux parlé.

Nous les vîmes tout l'hiver assez souvent. Gustave choisissait pour ses visites les jours de sortie du jeune collégien, et nous les retenions ordinairement à dîner tous les deux. Le docteur et moi étions les seuls amis, je crois, qu'il se plût à fréquenter.

Un matin, au commencement de mars, Gustave entra dans mon cabinet. Il avait le visage altéré, si bien que je crus à quelque nouveau malheur. Il me rassura sur la santé de Tony, mais il me fit part d'un événement qu'il n'avait pas prévu et qui l'affligeait beaucoup. Quelque temps après la mort de madame de C... il en avait envoyé la nouvelle à ses parents d'Amérique. Dans le nombre se trouvait une tante maternelle très-riche, sans enfants et demeurant seule au sein d'une belle habitation située à plusieurs lieues de la Basse-Pointe. Cette vieille dame s'était brouillée avec sa nièce au sujet de son mariage et, après la mort de son neveu, avait eu la dureté de la laisser partir pour la France. Prise d'un subit accès de tendresse pour son petit-neveu, elle venait d'écrire à Gustave qu'il voulût bien lui envoyer l'enfant. Elle se chargeait de son éducation et prenait soin de son avenir.

Cette lettre jeta notre ami dans une grande perplexité. Se séparer de Tony, c'était renoncer à ses projets d'existence et en quelque sorte à la vie. D'un autre côté, devait-il décliner l'intérêt de l'enfant, refuser une position qui pouvait lui être avantageuse ? Après avoir longuement réfléchi, il avait pris son parti et s'était décidé à remettre lui-même Tony aux mains de sa parente, à le conduire en Amérique. Comme aucun lien puissant ne le retenait en France, peut-être resterait-il auprès de son jeune ami, dans l'île, s'il trouvait le moyen d'y vivre honorablement avec son modeste capital, ou même s'il pouvait y remplir un emploi quelconque.

Je combattis vivement ce dernier dessein, en priant Gustave de penser quelle perte il causerait à ses véritables amis. Quant à conduire lui-même le fils de madame de C... chez sa tante, je convins que ce soin rentrait assez dans ses devoirs de tuteur et qu'il était difficile qu'il ne le prît pas. Il était bon qu'il vît par ses propres yeux à quelle espèce de femme il avait affaire et s'il y avait dans ce cœur qui battait si tardivement de réels sentiments d'affection pour l'aimable Tony. Dans le cas où il ne jugerait pas les choses sous un jour favorable à l'avenir de son cher pupille, il pourrait reprendre le chemin de la France et y retrouver sa place modeste aux bureaux du chemin de fer. Il fallait donc obtenir un congé de quatre mois. Cela faisait encore question.

Cependant, Gustave, décidé au voyage, voulait donner sa démission si le congé qu'il demandait ne lui était pas accordé. Il était résolu à accomplir son devoir, laissant le reste à la bonne chance et à l'aventure. Sa manière d'agir était trop belle et trop généreuse pour que je m'y opposasse. Je le fortifiai dans ses résolutions et il me quitta pour rédiger sa demande de congé à l'administration. Les raisons majeures qu'il donna aux membres du conseil le lui firent bientôt obtenir.

Immédiatement il se prépara au départ. Tony fut retiré du collége. Je reçus en dépôt le testament de Gustave. J'eus en outre la commission de veiller aux meubles du logement de la rue d'Orléans; puis deux places ayant été retenues au Havre, sur un trois-mâts partant pour la Martinique dans la dernière semaine d'avril, nos deux amis quittèrent la France, non sans nous laisser au cœur des regrets et des craintes.

Déjà le milieu de juillet était atteint; aucune nouvelle n'était encore venue des voyageurs. Je commençais à avoir de l'inquiétude et j'en causais avec ma femme assise près de moi au jardin, lorsqu'un domestique entrant sous la tonnelle me remit un paquet de lettres. Dans le nombre il s'en trouva une qui portait le timbre de la Martinique. Je reconnus l'écriture de mon ami, et l'ouvris aussitôt. Après avoir lu rapidement les premières lignes je dis à ma femme :

— Voilà une lettre de Gustave ! Il se porte bien ainsi que son pupille...

—Ah! tant mieux! répondit-elle, je craignais comme toi qu'il ne leur fût arrivé malheur.

La lettre était ainsi conçue :

« Grand-Choisy, 2 juin 1845.

« Mon cher et honorable ami,

« Ma première lettre est pour vous et je la dois certainement aux sentiments affectueux que vous m'avez montrés depuis longtemps. Sauf un peu de mal de mer au commencement, la traversée a été excellente pour Tony et pour moi ; au bout de trois semaines au plus de navigation nous sommes entrés dans le golfe des Antilles et nous avons salué, bien portants, le port et la ville de Saint-Pierre.

« Quelle magnifique chose que cette nature

tropicale! Quel éclat de ciel, quelle beauté des eaux et quelle exubérance de végétation ! comme je comprends les regrets et les aspirations de ma pauvre Élise. Il semble que la vie lui serait revenue si elle avait pu remplir sa poitrine des haleines embaumées de tous ces bois de santal, de cocotiers et de bananiers qui recouvrent l'île de leur éternelle verdure. C'était son dernier rêve et j'aurais été bien heureux de le pouvoir réaliser! Mais Dieu ne l'a pas permis, lui réservant sans doute une région meilleure et plus belle encore que sa terre natale.

« Nous ne sommes restés à Saint-Pierre que le temps nécessaire pour prévenir la tante de Tony de notre présence et pour nous remettre un peu des fatigues de la traversée. Le troisième jour nous nous sommes rendus à la Basse-Pointe et de là à l'habitation de madame de T... qui se nomme le *Grand-Choisy*. On y arrive par une route très-pittoresque et percée à travers des bois de bambous. Elle est située dans une charmante vallée au pied des mornes. Nous avons trouvé la dame du lieu entourée de ses noirs et prête à nous accueillir. Quelques-uns de ses domestiques ont été très-frappés de la ressemblance de l'enfant avec sa mère.

« Une vieille négresse m'a même arrêté et dit : « Misé, quand venir bonne petite madame ? » Cette interrogation m'a fait monter les larmes aux yeux. Madame de T... nous a bien reçus, mais froidement. Elle a beaucoup examiné l'enfant, l'a embrassé, et lui a dit qu'elle le regardait comme son fils et qu'il pouvait agir en maître sur toute cette foule d'esclaves qui encombrait le porche de la maison.

« C'est une femme de plus de soixante ans, grande, blafarde, aux traits durs et aux petits yeux gris, encore très-vifs et empreints de décision. Elle est obèse et marche difficilement, ayant été depuis peu de temps atteinte d'un commencement de paralysie à la partie gauche du corps.

« Après un jour de résidence, dans un tête-à-tête assez long, elle et moi nous nous sommes entretenus d'Élise et de son fils. Je lui ai donné tous les détails à ma connaissance sur les affaires de M. J... Je ne lui ai pas caché ma longue amitié pour sa nièce, notre mariage *in extremis*, et mes intentions à l'égard de Tony. Elle m'a loué de mon dévouement pour sa parente et s'est excusée de son silence à l'époque des malheurs de M. J..., par l'ignorance qu'elle en avait eue et par la rupture complète de ses relations avec madame de C... Nous sommes venus ensuite à parler du jeune garçon. Elle lui trouve un physique agréable, et les renseignements que je lui ai donnés au sujet de son intelligence, de sa docilité et de son bon naturel ont paru lui plaire. Quant à ses études, voilà ce qu'elle en pense. Lui ayant demandé s'il ne serait pas bon que Tony achevât ses humanités au collége de Saint-Pierre, elle m'a répondu *qu'il en savait assez pour conduire des nègres.* Vous pouvez juger, mon ami, de la personne par ces mots seuls. Bien qu'elle affecte beaucoup de regrets de la mort de madame de C... et qu'elle veuille bien se charger de son fils, je ne crois pas que cette femme ait jamais réellement aimé sa nièce. Avertie par la nature que d'un jour à l'autre la vie pourrait lui être enlevée, elle a mieux aimé adopter son petit-neveu, à peine connu d'elle, que de laisser sa fortune à d'autres parents qu'elle déteste. C'est une affaire de rancune plus que d'amitié, mais chez certaines gens la haine est plus libérale que l'amour, et l'important est que les biens qu'elle peut dispenser tombent sur ceux qui les méritent et en ont besoin, ce que j'espère infiniment pour mon cher enfant. Quoi qu'il en soit, cette demeure m'est très-douce, car elle est pleine du souvenir d'Élise. C'est ici qu'elle a été élevée et qu'elle a passé une partie de son enfance. Sa bonne vieille nourrice, qui vit encore et réside dans l'habitation, m'a montré sa chambre et le petit coin de terre qu'elle appelait son jardin et où elle cultivait ses fleurs favorites. Quand je pense qu'elle a foulé de ses jolis pieds la terre où je marche, qu'elle a respiré l'air que je respire et que tout près de moi sa charmante image vit sous les traits de Tony, quelque chose d'irrésistible me lie à ces lieux et m'y retient. J'ai pris des informations et j'ai su que le revenu des quatre-vingts et quelque mille francs qui me restent pourrait me faire vivre convenablement dans ce pays. Je songe donc à donner ma démission de ma place et à user ici le reste de mes jours dans des études paisibles et de mon goût. Pour l'arrangement de cette nouvelle existence mon retour en France est nécessaire. J'aurai d'abord le plaisir de vous serrer la main encore une fois, puis je veux accomplir pour la chère mémoire de celle qui n'est plus un vœu qu'elle avait manifesté si souvent, celui de reposer après sa mort sous les ombrages de son île natale. Je ferai exhumer ses restes et je les ramènerai dans cette habitation, ainsi que son portrait et les quelques objets qu'elle m'a donnés.

« En somme, j'ai bien fait d'entreprendre ce voyage. Les résultats que j'en attends pour mon jeune ami et même pour moi m'adouciront un peu, je l'espère, les regrets douloureux du passé. Tony est charmant à mon égard; il ne veut pas que je retourne en France. Il a tant de peine à s'accoutumer à l'air dur et à la parole brève de sa grand'tante! Pour lui faire prendre patience, je lui jure sur l'honneur que je ne ferai qu'aller et revenir. Vaincu et résigné, il me charge alors de le rappeler à votre bon souvenir, à celui de votre femme et de vos petits garçons. Dans quelques jours je serai à Saint-Pierre où je compte m'embarquer sur le premier navire en partance. Si nous avons bon vent, attendez-vous à me voir tomber chez vous d'un jour à l'autre de la première quinzaine d'août. A vous dire vrai, je ne serai pas fâché de prendre la mer, car, bien que nous soyons à la campagne, la chaleur dans l'île est extrême et je ne suis pas encore acclimaté.

« Adieu, cher et honorable ami, et à notre prochain revoir ! Il est heureux, au milieu des épreuves de la vie, de rencontrer un cœur tel que le vôtre, et croyez bien que le mien sera toujours reconnaissant des bontés que vous n'avez jamais cessé d'avoir pour votre triste et affectionné

« GUSTAVE.

« Mes hommages respectueux à madame et mille baisers à vos enfants.

« Veuillez faire porter le plus tôt possible au docteur le billet ci-joint. »

C'était un souvenir pour le célèbre praticien.

Cette lettre, tout en m'apportant de bonnes nouvelles de la santé de Gustave et en me faisant prévoir d'heureuses conséquences de son voyage, me causa une vive peine, car elle m'annonçait aussi de sa part un parti bien arrêté de quitter pour toujours la France. Plus cette âme malheureuse et passionnée s'éloignait de moi, plus l'intérêt qu'elle m'avait inspiré devenait fort. Je dis donc à ma femme :

— Gustave est content de son voyage... l'avenir de son pupille est décidément fixé... Quant à lui, nous allons le revoir, mais pas pour longtemps ; car aussitôt ses affaires terminées il retourne à la Martinique.

— Vraiment ! me répondit-elle.

— Oui, ma chère, il veut passer le reste de ses jours près de son jeune ami.

— Cela ne me surprend pas.

— Mais ses amis de France, mais son pays, ses habitudes, ses goûts !..

— Tout cela ne vaut pas pour son cœur la voix et les yeux de Tony.

Ma femme avait raison. Gustave était perdu pour nous, mais il l'était aussi pour ses amis d'Amérique. Hélas! vingt jours après la réception de sa lettre, j'en recevais une seconde écrite à mon adresse par le maire de Saint-Pierre, et qui m'anonçait que Gustave, au moment de s'embarquer, venait d'être emporté par une foudroyante attaque de fièvre jaune. Le malheureux ami! il était mort dans un des hôtels de la ville, sans avoir pu même donner connaissance de sa maladie à ses amis de Choisy. On avait trouvé dans son portefeuille, outre les valeurs nécessaires à son voyage, une copie du testament qu'il m'avait confié en partant. Par ce testament il léguait tout ce qu'il possédait à l'enfant de madame de C..., me nommant son exécuteur testamentaire avec un diamant de deux mille francs et quelques autres légers souvenirs.

Cette fin prématurée et inattendue nous plongea, ma femme et moi, dans une profonde affliction. Le docteur y fut des plus sensibles.

Dès que je m'en sentis la force et le courage, je songeai à remplir les devoirs qui m'étaient imposés par mon pauvre ami. Je réalisai sa petite fortune, et me mettant en rapport avec le notaire de la tante de Tony, à la Martinique, je fis parvenir aussi vite que possible au jeune héritier, en même temps que le portrait de sa mère, tout ce que la tendresse infinie de Gustave lui avait laissé.

Écrit en 1847.

LÉONTINE

LÉONTINE

Les sociétés secrètes qui s'étaient dissoutes en 1839, après l'insurrection avortée de Blanqui et de Barbès, se reformèrent en 1846. Elles étaient prêtes à agir lorsque l'affaire des banquets amena en 1848 le conflit d'où sortit la révolution du 24 février, et l'on sait quelle part elles y prirent. Elles passèrent à travers le désaccord et la désorganisation des pouvoirs, et sans très-grande difficulté devinrent maîtresses des Tuileries et de la capitale.

Après ce grand événement, Paris se couvrit de

clubs. Chaque quartier avait le sien qui reflétait assez justement les opinions et les sentiments de ses habitants.

Curieux de visiter quelques-unes de ces assemblées et de connaître l'esprit qui les animait, je m'acheminai dans les premiers jours d'avril, et en compagnie d'un de mes amis, vers le faubourg Saint-Antoine.

Les clubs situés dans les centres de fabrication et de population ouvrière s'ouvraient généralement après six heures du soir, lorsque le travail avait cessé. Il y en avait un grand nombre tout le long du faubourg, depuis la Bastille jusqu'à la barrière du Trône.

Le premier au sein duquel nous pûmes pénétrer était établi rue Traversière, non loin du marché Lenoir, au fond d'une cour communiquant à la rue par une ruelle ; la salle était profonde quoique peu élevée et d'une capacité à contenir un assez grand nombre de personnes. C'était probablement un atelier en location ou un ancien magasin de meubles ; cinq ou six quinquets accrochés aux murs l'éclairaient médiocrement. Il n'y avait guère que des ouvriers. On y voyait assis sur des banquettes de bois, à côté d'eux, des femmes et des enfants ; les femmes tricotaient en écoutant, les enfants grignotaient une croûte de pain ou dormaient. Tout au fond s'élevait un bureau orné de plusieurs lampes à la Carcel, derrière lequel siégeaient le président et ses assesseurs. A droite du bureau et un peu vers le milieu se dressait contre le mur une espèce de tribune en planches, recouverte d'un morceau de toile rouge, avec une lampe posée sur la tablette. Lorsque nous entrâmes, elle était occupée par un individu grand et maigre qui pérorait d'une voix monotone. Ce monsieur portait un habit noir et ne paraissait pas appartenir à la classe ouvrière ; son langage était choisi, les expressions n'avaient rien d'excessif et d'emporté ; il faisait de la théorie : il traitait la fameuse question du droit au travail. Il ne me fut pas difficile de découvrir en lui un adepte des écoles phalanstériennes. Il avait peu de succès et j'entendais dire autour de moi :

— C'est de la blague d'aristo...

— C'est un entortilleur.

— C'est pas ça qu'il nous faut.

Il était d'ailleurs démesurément long dans son

discours : il n'improvisait pas, il lisait et n'en finissait pas de tourner les feuilles de son cahier ; enfin il descendit de la tribune et à sa place monta lestement un autre orateur.

Celui-ci avait la veste et la casquette de l'ouvrier. C'était un jeune homme de vingt à vingt-deux ans, d'une taille plus petite qu'élevée, mais bien prise ; les traits de son visage n'étaient point vulgaires, ils étaient même fins et réguliers ; ce que je remarquai surtout, ce fut l'ampleur de sa tête et le ton blond ardent de ses cheveux.

Aussitôt qu'il parut, on cria : « A la bonne heure ! voilà Marcel... écoutons... silence!.. »

La sonnette du président s'agita et l'orateur commença.

Cette fois, point de papier à la main, c'était un vrai discours d'abondance ; la voix n'était pas des plus fortes, mais bien timbrée, elle se faisait nettement entendre. Il y avait dans son accent quelque chose de passionné et d'énergique qui pénétrait l'âme et commandait l'attention. Le début de l'orateur fut carré ; il posa son thème avec cette phrase : *Nul ne doit avoir le superflu lorsqu'il en est qui n'ont pas le nécessaire.* On peut juger du développement de ce principe socialiste : donc, recherche des moyens qui doivent assurer en de bonnes conditions la vie de tous les humains ; ils résultaient naturellement d'une meilleure organisation de la société. Pour l'orateur, le jeu des institutions était tout ; c'étaient elles qui faisaient le bonheur ou le malheur des hommes ; les gouvernements qui ne les établissaient pas à l'avantage du plus grand nombre étaient coupables, et leur ruine devenait un châtiment nécessaire. De là une peinture affreuse du dernier règne et une glorification de la première révolution, surtout des jours de 93. Aux yeux du jeune ouvrier, cette époque était la grande époque de la France ; c'était une revendication suprême de la justice. Ce mot de justice revenait fréquemment sur ses lèvres et j'en fus singulièrement frappé. Il y avait beaucoup de déclamation dans cette bouche de vingt ans, cependant les paroles qui en jaillissaient me paraissaient sincères. Les idées politiques de l'orateur étaient fausses à mon sens, mais le sentiment était vrai et même touchant : c'était la haine des oppresseurs et la pitié des faibles et des malheureux.

Il va sans dire que la plupart de ses phrases furent couvertes de bravos, et quand il descendit de la tribune on le porta presque en triomphe jusqu'à son banc.

— En voilà un, disait-on, qui devrait être de la Constituante ; il montrerait aux aristos que nous ne sommes pas des imbéciles et que nous n'avons pas notre langue dans notre poche.

Après lui se succédèrent d'autres ouvriers, mais, quoiqu'ils fissent de grands efforts pour exalter l'assemblée, — car, chose remarquable, c'était à qui forcerait les termes et se surpasserait en invectives contre les riches, — ils n'obtinrent pas les applaudissements donnés au jeune homme aux cheveux roux. Les honneurs de la soirée furent accordés à lui seul.

A la sortie du club qui s'effectua assez longuement, je me trouvai avec mon compagnon non loin d'un groupe qui pérorait encore au milieu de la rue ; on s'y occupait des orateurs et de la séance. Je m'approchai du cercle, et, reconnaissant là mon jeune socialiste qui répondait à un de ses camarades, je me mêlai à la conversation et l'apostrophai en ces termes :

— Citoyen, vous avez fait un tableau éloquent des malheurs et des fautes du règne de Louis-Philippe; mais, vous qui aimez tant la justice, avez-vous été bien juste?

— Que voulez-vous dire? fit-il un peu surpris.

— Je veux dire que vous avez oublié de nous parler, dans votre éloge de 93, du maximum, des assignats, de la guerre intérieure, de la famine, des massacres de septembre, des noyades de Carrier et de la guillotine en permanence...

— Citoyen, je sais tout cela aussi bien que vous, mais j'ai aussi en mémoire les crimes des rois, les estrapades, la Saint-Barthélemy, les dragonnades, les guerres ambitieuses, les lettres de cachet, le pacte de famine et tant d'autres faits abominables. 93 fut pour nous un état de guerre, et en guerre on agit comme l'on peut... D'ailleurs, je n'ai pas vécu de ce temps-là; ce que j'ai vu et ce que je sais, c'est que dans la dernière année du règne de Louis-Philippe, nous autres ouvriers, nous avons cruellement souffert.

— Est-ce une raison, lui répondis-je, pour trouver tout mauvais et tout exécrable dans le gouvernement qui vient de tomber ?

— Ah ! monsieur, *l'on voit bien que vous n'avez point pâti*...

Ces mots furent prononcés d'un ton nullement agressif, mais avec un accent triste et plaintif qui me ferma la bouche. Je me rappelai l'extrême misère qui était venue s'abattre aux derniers jours de la royauté de Juillet sur le peuple de Paris, et je me dis qu'il lui eût fallu une bien forte dose de religion ou de philosophie pour supporter patiemment les angoisses du dénûment et de la faim. Je regardai mon interlocuteur avec attention, et quoique nous fussions en république, dans un moment où l'on faisait peu de façons vis-à-vis les uns des autres, je lui donnai un salut qu'il me rendit poliment. Je me retirai ensuite avec mon ami de cette fournaise de cœurs ulcérés et d'esprits excités, non sans réfléchir aux terribles bouleversements des conditions de la vie humaine et à ces catastrophes imprévues et fatales qui sont souvent les causes les plus vraies de nos révolutions.

Cinq ans s'étaient écoulés depuis mon apparition au club de la rue Traversière, lorsque je fus ramené dans le faubourg Saint-Antoine par un motif d'économie domestique tout personnel. Changeant d'appartement, j'avais besoin de renouveler mon mobilier; on m'indiqua, comme capable de me procurer à prix modéré ce que je désirais, un ouvrier ébéniste en chambre nommé Louis Durand, qui demeurait rue de Cotte, n° 7. Je me rendis un matin à cette adresse et je trouvai l'individu. C'était un jeune homme de vingt-cinq à vingt-six ans, assez haut de taille, brun de cheveux, marqué de grains de petite vérole, mais de franche et honnête figure; il était ouvrier à la *trolle*, c'est-à-dire qu'il fabriquait les meubles et allait ensuite, soit par des entremetteurs, soit par lui-même les porter (*tollere*) et vendre aux marchands en boutique qui peuplent la grande rue du faubourg. Je lui nommai la personne de la part de qui je venais et lui expliquai ce que je voulais. Comme la commande était considérable, il se montra empressé à me servir, me dit qu'il se chargeait de tout et me promit un contentement complet tant sur le prix que sur la qualité des objets. A quelques semaines de là, étant revenu chez lui, nous allâmes voir ensemble les diverses pièces du mobilier. J'en trouvai le choix convenable et je pris jour avec lui pour le payement et l'expédition. Voulant le remercier autrement que par une parole obligeante, je l'invitai à entrer dans un café. Il ne s'y refusa pas, et comme nous étions en été, nous nous installâmes devant un établissement situé sur la place de la Bastille. Après avoir bu le café, et entre deux cigares, je lui dis :

— Il y a cinq ans, à pareille époque, le faubourg n'était pas si tranquille...

— Oui, nous étions aux affaires de juin.

— J'ai vu cet endroit justement après la reddition du faubourg ; quel triste spectacle ! La maison qui est là-bas au coin de la place et de la grande rue et qui a, dit-on, appartenu à l'épicier Pépin, le régicide, était trouée comme une dentelle. Il y en avait une autre au coin de la rue de la Roquette entièrement écroulée et d'où s'échappaient des torrents de fumée.

— C'est vrai. Vous faisiez sans doute partie de la garde nationale, monsieur ?

— Oui. Et vous ?

— Moi, j'étais avec les insurgés, mais je n'étais pas de ceux qui ont tiré sur l'archevêque.

— Ah! j'en suis sûr... vous me semblez être un trop brave garçon pour avoir commis cet acte.

— C'est bien assez d'avoir été entraîné dans cette affreuse lutte!

— Vous avez dû y perdre de votre côté beaucoup de monde?

— Beaucoup.

— Pourriez-vous me dire ce qu'est devenu un jeune ouvrier qui était du faubourg, et qui avait attiré mon attention quelques jours après la révolution de février? Je n'en ai plus entendu parler... Peut-être est-il tombé dans les journées de juin!

— Son nom, s'il vous plaît?...

— Marcel.

— Marcel!...

A ce mot, le visage de M. Louis Durand changea. Il y eut comme un léger frisson qui courut sur ses traits, et ils s'assombrirent.

— Vous l'avez connu, monsieur? reprit-il.

— Très-peu... je l'ai vu et entendu une seule fois au club de la rue Traversière; j'ai même échangé quelques paroles avec lui, et sa figure m'est restée dans la mémoire...

— Pauvre Marcel! Il est mort, monsieur...

— Dans la bataille de juin?

— Non, monsieur, dans une autre, plus tard...

— Je désirerais beaucoup être au fait de cette dernière particularité, car ce jeune homme m'avait vivement intéressé...

— Ah! monsieur, c'était un héros, mort, comme beaucoup d'autres, inconnu... Mais quel noble cœur! le plus noble cœur que j'aie vu jamais battre... C'était mon ami.

— S'il n'y a pas d'indiscrétion à vous demander quelques détails de sa vie, je serai heureux de les tenir de vous.

— Volontiers, monsieur, car vous me paraissez un honnête homme... Mais quelle douloureuse histoire... surtout pour moi!...

— Mon Dieu, monsieur, si cela vous peine et vous fait souffrir, je vous prie de regarder ma demande comme non avenue...

— Il est vrai que cette histoire est un amer souvenir pour moi, mais elle est trop à l'avantage de Marcel pour que je me refuse à vous la faire connaître...

— Pourriez-vous me la conter en ce moment?...

— Rien ne s'y oppose... ma journée est finie, je suis libre.

— Eh bien! permettez-moi de profiter de cette heureuse circonstance.

— Je suis prêt...

— Mais ici, nous serions incommodés par le bruit de la place ; montons au premier, nous y trouverons peut-être un endroit tranquille et isolé...

— Comme il vous plaira.

Nous quittâmes nos siéges et, munis de cigares, nous nous installâmes dans le haut du café, au coin d'une grande salle de billard inoccupée, et auprès d'une table où je fis déposer par le garçon une bouteille de bière et deux verres. M. Louis Durand se plaça d'un côté, moi de l'autre ; je renversai un peu ma chaise contre le mur, et dans cette position quasi horizontale, le cigare aux lèvres, j'écoutai.

RÉCIT DE L'ÉBÉNISTE LOUIS DURAND.

« Le jeune homme que vous avez vu et entendu, monsieur, au club de la rue Traversière, était ouvrier ébéniste comme moi et se nommait Marcel tout court. C'était un enfant trouvé. L'administration des hospices l'avait confié aux soins d'une excellente femme appelée Madeleine Petit, dite la Fosseuse parce qu'elle était originaire d'un village de ce nom situé dans le département de l'Oise. Cette femme, vieille maintenant et que vous connaissez, car elle habite avec moi et c'est elle qui vous a ouvert la porte lorsque vous êtes venu me trouver, cette femme était vendeuse des quatre-saisons au marché Lenoir ; elle demeurait non loin de là, rue Sainte-Marguerite, n° 6. Quatre ans après l'adoption de Marcel, elle mit au monde une petite fille, puis elle perdit son mari, pauvre ouvrier maçon qui la laissa dans un grand embarras. La Fosseuse ne se découragea pas. Travailleuse infatigable, elle redoubla d'ardeur et, c'est une justice à lui rendre, elle parvint à élever les deux enfants de la meilleure façon, comme bien des mères plus riches ne le font pas. Ils allèrent d'abord aux écoles mutuelles, puis quand ils furent en âge de prendre un état, elle fit de sa fille une couturière et de Marcel un ébéniste qu'elle mit en apprentissage chez un patron du quartier nommé Leroux. C'est dans l'atelier de ce brave homme que je rencontrai Marcel pour la première fois. Le temps de l'apprentissage passé, les deux enfants de Madeleine trouvèrent d'assez bonnes conditions pour leurs travaux, l'un chez les principaux fabricants de meubles du faubourg, l'autre dans une forte maison de confection du même quartier.

« Pleins d'activité, d'une bonne conduite, et aimant leur mère, ils apportaient un peu d'aisance dans son intérieur. Tous les trois habitaient ensemble, mais de manière à ne pas se gêner. La première chambre de leur petit logis servait de salle à manger et de cuisine ; la seconde était occupée par la Fosseuse et sa fille ; la dernière était celle de Marcel. On y entrait et l'on en sortait par un couloir donnant sur le palier. Les repas se prenaient en commun; on travaillait, on n'était pas malheureux. La jeune fille animait les réunions de la famille par sa vivacité et ses réparties, Marcel par ses discours sur l'histoire et ses récits politiques et philosophiques ; il redonnait là tout ce qu'il avait lu, et c'était un grand lecteur. Loin d'aller au cabaret ou au café comme les autres, dès que son travail était terminé, il prenait ses livres et les dévorait d'un bout à l'autre. Dieu sait combien il lui en a passé sous les yeux ! Si quelque jour vous revenez chez moi, monsieur, je vous montrerai la belle bibliothèque faite par mon pauvre ami et qu'il m'a léguée. Vous y verrez la collection de ses ouvrages favoris, rien que des livres sérieux. Un grand nombre d'histoires de la Révolution française, celles de Louis Blanc et de Laponneraye, les œuvres de Proudhon, puis une quantité de journaux et de brochures provenant de l'école démocratique ; enfin tout ce qui avait trait à la réforme sociale était sûr de l'intéresser et prenait place dans sa cervelle, et sur les rayons de sa bibliothèque. C'est dans la lecture de tous ces ouvrages qu'il avait puisé ses idées de recomposition de la société. Il y pensait sans cesse : c'était son plaisir, son besoin, sa vie, et quand on le mettait là-dessus il ne tarissait pas. Il ne se contentait pas de la théorie ; il avait coutume de dire que les idées ne sont pas faites pour rester couchées et enfermées dans des livres, mais pour vivre et marcher au grand air comme des hommes. Affilié aux dernières sociétés secrètes établies sous le gouvernement de juillet, il avait pris les armes au 24 février ; puis il était devenu un des orateurs principaux des clubs du faubourg. Quand une loi de la Constituante vint les fermer, il en éprouva un vif chagrin ; il se remit à faire des plans d'associations secrètes pour combattre les tendances réactionnaires qu'il voyait grandir au sein de la République. C'est alors que je me liai tout à fait avec lui. Comme il parlait avec beaucoup d'éloquence ; qu'il était instruit sur beaucoup de choses et qu'il m'était connu pour un brave et loyal garçon, je fus amené facilement par lui à ses idées, et je devins en quelque sorte son lieutenant. Nous nous voyions tous les jours ; sa chambre était la mienne, ma chambre était la sienne. Nous touchions alors à l'année 1850. Marcel avait vingt-quatre ans et sa sœur Léontine vingt. Cette dernière était bien faite, élancée, assez haute de taille, presque plus grande que Marcel; elle avait de beaux yeux noirs très-vifs, d'autant plus noirs qu'ils ressortaient sur un visage ordinairement pâle ; une très-jolie fille. — C'est ici, monsieur, que je prends mon rôle dans le triste drame que je vais vous raconter. »

— Permettez-moi, monsieur, de vous faire une question.

— Dites, monsieur.

— Votre ami Marcel connaissait-il le secret de sa naissance?

— Certainement, différents actes de la vie civile l'obligeant à montrer ses papiers, il avait appris qui il était. Cette découverte n'avait en rien diminué son amour pour Madeleine Petit, au contraire.

— Et mademoiselle Léontine, connaissait-elle aussi la naissance de Marcel?

— Enfant, elle avait cru qu'il était son frère ; mais plus tard on lui avait dit qu'il était le fils d'une sœur morte de sa mère, par conséquent son cousin.

— Très-bien.

—Plût à Dieu, monsieur, qu'elle fût toujours restée dans sa première idée.

— Pourquoi?

— C'est qu'une bonne partie de ma peine est venue de là, vous allez voir.

« A force de fréquenter Marcel et de vivre dans son intérieur, moins penseur que lui et d'un cœur sensible, je ne pus voir sa sœur adoptive sans ressentir pour elle un vif attrait. Le dimanche, je faisais assez communément promenade avec la famille, et, dans nos tournées, je donnais souvent le bras à la jeune fille ; c'était même Marcel qui m'en priait. Quant à lui, il aimait mieux, si la Fosseuse ne lui demandait pas son bras, nous accompagner seul, les mains dans ses poches de pantalon, et occupé de ses rêves en fumant sa pipe. Léontine faisait parfois la moue de ce que Marcel se montrait si peu aimable avec elle, mais, sur un mot du jeune homme, elle reprenait bientôt sa bonne humeur, et nous marchions devant, bavardant et riant de tout ce qui nous passait sous les yeux. Un jour, c'était la fête de Saint-Mandé, nous nous rendîmes tous les quatre au village. Il y avait à la porte du bois des guinguettes, nous dînâmes dans l'une d'elles et, après le repas, nous folâtrâmes le long des boutiques, tirant des macarons ou essayant de gagner quelques bibelots aux loteries ambulantes. Puis, la nuit venue, nous entrâmes dans la salle de danse. Léontine était ce soir-là d'une gaieté étourdissante ; jamais je ne l'avais vue si animée ; elle disait toutes sortes de folies, et, lorsqu'on vint la prier à danser, elle refusa de s'engager avec tout inconnu. Moi seul eus le privilége d'être son cavalier. Gentille, gracieuse et coquette même, elle n'avait d'yeux et de mines que pour moi ; elle me tourna complétement la tête. Quant à Marcel, c'est à peine si elle lui adressa quelques paroles ; il la regardait cependant, du banc où il s'était assis, sauter, se trémousser ; il la regardait avec plaisir et lui envoya plusieurs fois ses compliments ; mais elle n'y prit pas garde et continua de s'entretenir avec moi. Quand nous revînmes, ce fut encore, comme en partant, tous les deux ensemble, ouvrant la marche et babillant autant que des perruches. Elle avait un bouquet à sa ceinture ; en lui souhaitant le bonsoir à la porte de son logis, je me baissai et lui dérobai une fleur. Elle parut un moment étonnée de mon action ; mais soudain elle se mit à rire, et tirant de sa place le bouquet tout entier, elle me le donna en disant :

« — Il faut bien vous remercier de votre amabilité pendant toute cette soirée, monsieur Louis Durand, bonsoir et bonne nuit !

« Je rentrai chez moi, comme vous le pensez, ivre de joie et pressant nombre de fois le bouquet sur mes lèvres. Le lendemain, je revins voir mes amis ; mais porte close, on était malade. A quelques jours de là, je rencontrai Marcel, il descendait le faubourg et se dirigeait vers la place de la Bastille ; je l'accompagnai un bout de chemin.

« — Comment, lui dis-je, va mademoiselle Léontine ?

« — Elle est mieux, me répondit-il.

« — Et qu'a-t-elle eu ?

« — Elle a attrapé l'autre soir, à Saint-Mandé, un chaud-froid.

« — En vérité ?

« — Oui... cela ne sera rien... vous avez trop dansé.

15.

« — Ce n'est pas moi qui l'ai poussée à la danse.

« — J'en suis persuadé ; mais lorsque l'on a un gaillard aussi habile que toi sous sa main, on en profite.

« — Tu te moques de moi?...

« — Oh non ! je trouve cela très-naturel.

« — Il est vrai que j'avais du plaisir à être son compagnon de danse, elle est si gentille et si légère !

« — Oui, elle fait tout avec grâce.

« — Elle danse aussi bien qu'une grande dame.

« — Ah ! elle est mieux qu'une grande dame, mieux qu'une fine danseuse ; c'est une fille bonne et courageuse, et qui la prendra pour femme ne sera pas trop sot.

« — Je le pense comme toi.

« — La voilà qui marche sur ses vingt et un ans, et, ma foi ! si un brave garçon se présentait pour l'épouser, je n'y mettrais pas obstacle, car enfin ce serait un appui de plus pour elle et la mère Petit.

« — Tu as raison.

« — Toi, par exemple, si tu avais envie de te

marier, est-ce qu'une gentille et laborieuse ouvrière comme elle ne te conviendrait pas?

« — Mon cher Marcel, puisque tu me parles à cœur ouvert, je te dirai que j'y ai songé et que je serais très-heureux de cette union; mais il ne suffit pas d'y penser, il faut aussi d'un autre côté qu'on y pense.

« — C'est juste.

« — On peut être agréé comme danseur, mais comme mari, c'est différent.

« — Je le comprends, et je ne voudrais pas pour tout au monde la contraindre dans ses sentiments; je suis trop ami de la liberté pour être jamais un despote de ménage. Tâche donc de savoir si son cœur a du goût pour toi.

« — Il me faudra un peu d'aide dans cette affaire.

« — On t'en donnera, va toujours de l'avant.

« — Accepté de grand cœur, Marcel, et avec reconnaissance.

« Je lui pris la main et la lui serrai fortement.

« Nous nous quittâmes; il continua sa route et moi je rebroussai chemin et remontai à mon ouvrage. J'avais l'âme heureuse de cette ouverture qui me montrait que Marcel ne pensait pas à Léontine. Le champ était libre pour moi, mais j'étais inquiet sur la façon de m'y prendre et sur l'issue de la tentative. Afin de mieux aborder Léontine, j'avais eu l'idée de lui rendre le bouquet qu'elle m'avait donné. J'en fis confectionner un des plus élégants et, armé de cette offrande, je me rendis chez elle à l'heure où je comptais la trouver seule. Quand elle m'ouvrit, elle parut surprise de me voir, et s'écria :

« — Ah ! c'est vous, monsieur Durand, Marcel n'y est pas.

« — Je ne viens pas tout à fait pour voir Marcel, répondis-je, je viens aussi pour vous prier d'accepter ce bouquet en retour de vos charmantes fleurs.

« — Vous êtes trop bon. Votre bouquet est trop élégant ; mais il arrive dans un mauvais moment.

« — Est-ce que vous êtes encore malade ?

« — Oh non !

« — Que vous est-il donc arrivé ?

« — Entrez, entrez, je vous conterai cela.

« Je la suivis dans sa chambre; en l'examinant, je vis que ses yeux étaient rouges et gonflés comme ceux d'une personne qui a pleuré. Elle plaça mon bouquet dans un pot de faïence, y versa de l'eau, le mit sur la tablette de la cheminée, puis, se rasseyant à sa place, reprit la pièce de drap qu'elle était en train de coudre.

« Je m'emparai d'un tabouret et m'installai auprès d'elle assez embarrassé. Son premier mot fut :

« — Marcel nous quitte.

« — Comment! dis-je fort étonné, Marcel vous quitte, et où s'en va-t-il?

« — Il part dans quelques jours pour faire son tour de France.

« — Voilà une chose qui me surprend ; je l'ai vu hier et il ne m'en a rien dit.

« — Eh bien, il me l'a déclaré hier même très-nettement.

« — Que voulez-vous? si c'est son idée de partir...

« — C'est une mauvaise idée... Est-ce que nous ne le rendons pas aussi heureux que possible, ma mère et moi?

« — Sans doute, mais Marcel est un garçon qui

a de l'ambition ; il voudrait s'avancer, gagner davantage.

« — Oh ! ce n'est pas pour gagner de l'argent qu'il s'en va... ce n'est pas l'argent qui l'occupe...

« — C'est peut-être... la politique ?

« — Je le crois comme vous, monsieur Durand, la politique est sa pensée habituelle.

« — Mais qu'y faire ?

« — C'est de le raisonner. Il vous aime, il a confiance en vous... Parlez-lui.

« — Que puis-je lui dire ? Marcel n'est pas un enfant.

« — Si, pour certaines choses, c'est un enfant; dites-lui que nous avons besoin de sa présence, qu'il est notre gardien, notre appui et notre protecteur, que sans lui nous ne savons pas ce que nous pourrions devenir.

« Et, en prononçant ces derniers mots, elle ne put retenir ses larmes.

« — Ah ! mademoiselle, repris-je aussitôt, soyez certaine que votre mère et vous, vous ne manquerez pas de personnes s'intéressant à votre sort...

« Je ne pus finir la phrase.

« — Je l'espère bien, dit-elle, vous, monsieur Durand, par exemple... puisque vous êtes notre ami... Mais faites tous vos efforts pour que Marcel nous reste.

« — Je le veux bien.

« — Parlez-lui, je vous en prie... Usez de toute votre influence sur lui... empêchez-le d'entreprendre cet affreux voyage... S'il part, j'ai l'idée que nous ne le verrons plus.

« Et elle se remit à pleurer.

« J'attribuai naturellement cette désolation à son amitié fraternelle, et, la trouvant très-concevable, j'essayai de la consoler en lui disant :

« — Soyez tranquille, je vais voir Marcel et lui parler de la bonne façon.

« Elle essuya ses yeux puis, me tendant la main, s'écria :

« — Mon bon monsieur Louis, faites tout ce que vous pourrez, ma mère et moi nous vous en serons fort reconnaissantes.

« Je lui promis d'agir comme elle désirait et je partis.

« Quoique je n'eusse pu placer un seul mot à mon intention, Marcel ayant rempli toute notre conversation, je m'en allais heureux de pouvoir rendre service à cette charmante fille. Je passai immédiatement chez les marchands du faubourg où Marcel avait l'habitude de porter son travail et de prendre des commandes, mais personne ne l'avait vu. Le lendemain matin cependant, je le trouvai au coin de ma rue. Venait-il chez moi?... je ne sais. Il paraissait soucieux et pensif; il n'avait pas, comme à l'ordinaire, cette sérénité de visage qui faisait tant plaisir à voir. On sentait qu'une peine de cœur ou une grande préoccupation d'esprit le travaillait.

« — Ah ! te voilà ! lui dis-je, je te cherche pour causer avec toi d'un projet nouveau dont on m'a parlé... Est-ce que tu nous quittes ?

« — C'est la vérité.

« — Tu veux faire ton tour de France, dit-on ?

« — Oui.

« — Manques-tu d'argent ? Si tu as besoin d'une centaine de francs, les amis sont là.

« — Merci, Louis, merci... je n'ai besoin de rien... Mais il faut que je parte.

« — Il faut... c'est donc une nécessité ?

« — Oui, une nécessité.

« — Je ne te demande pas pourquoi... si c'est du chagrin...

« A ce mot il me regarda fixement comme pour pénétrer mon intention, et reprit :

« — Oui, c'est du chagrin.

« — Mais quel chagrin ?

« — Le chagrin de voir ce qui se passe et comment vont les choses.

« — Ah ! c'est pour la politique !

« — Oui, c'est pour la politique que je pars. Je ne me cacherai pas de toi parce que je te sais honnête homme. La réaction fait des progrès de géant ; de toutes parts elle relève la tête et devient insolente. C'est un crime en pleine république de crier : Vive la république ! Est-ce concevable ? Il faut donc reformer au plus vite l'armée des bons citoyens afin de faire rentrer le torrent de l'intrigue dans son lit bourbeux. Sous prétexte d'un tour de France, je vais avec nos frères de province reconstituer une association solide, profonde, capable au premier signal de se lever et de s'opposer au monarchisme sous telle forme que ce soit qu'il reparaisse. J'ai déjà préparé mes listes de Paris, je veux les compléter par celles des provinces : d'abord Lyon, Marseille, puis les départements du centre, et enfin Nantes, Rouen et Lille.

« — Mais cela demandera du temps.

« — Un an, peut-être plus...

« — Et pendant tout ce temps que deviendront la mère Petit et sa fille ?

« — Elles travailleront.

« — Mais sous quelle protection ?

« — Sous la tienne.

« — C'est bien à toi, Marcel, d'y avoir pensé, mais l'accepteront-elles ?

« — Pourquoi pas, si tu deviens le mari de Léontine ?

« — Son mari... ce serait le comble de mes vœux, mais encore une fois sais-je seulement si elle voudra de moi ?

« —Je ne crois pas que tu lui sois désagréable, témoin le bal de Saint-Mandé... puis elle sait que tu es un brave garçon, un bon ouvrier, rangé, travailleur, et qui ne la laisserait manquer de rien.

« — Oh ! bien sûr.

« — Enfin, n'es-tu pas mon meilleur ami ?

Parle-lui, déclare-toi, tu es certain que je te soutiendrai... Je voudrais que cette affaire fût arrangée avant mon départ.

« — Et moi aussi.

« — Voyons ! est-ce que nous ne pouvons pas, dimanche prochain, déjeuner ensemble chez sa mère ?

« — Parfaitement.

« — Après le déjeuner, sous un prétexte quelconque, je te laisserai seul avec Léontine, et alors tu t'expliqueras. Si elle s'en réfère à mon assentiment, tu lui diras qu'il t'est acquis entièrement.

« — Merci, Marcel, merci... Mais Léontine qui croit que tu vas partir dans quelques jours...

« — Je la rassurerai là-dessus, je lui déclarerai que je renonce pour le moment à m'éloigner.

« — Allons, c'est bien.

« — A dimanche, dix heures précises.

« — C'est convenu... adieu.

« Je passai les quelques jours qui nous séparaient de ce moment décisif dans une grande inquiétude d'esprit. Je voyais les choses tantôt en bien, tantôt en mal. Enfin l'instant solennel arriva. J'avais une toilette de faraud ; je m'étais attifé du mieux que j'avais pu, persuadé que les femmes les plus simples et de la plus humble condition ne sont pas insensibles aux soins extérieurs de la personne. Je trouvai tout le monde prêt à se mettre à table ; on était assez gai. Léontine, rassurée sur le départ de Marcel, allait et venait très-prestement, aidant la Fosseuse dans l'arrangement des couverts et la cuisson des mets. Mon bouquet encore vivant était placé au milieu de la table dans un joli vase de grès. Cette attention me plut et me parut de bon augure. Enfin, quand Léontine fut libre, elle s'approcha de moi et me dit à mi-voix dans l'oreille :

« — Marcel ne part pas. J'ai su que vous lui aviez parlé en notre faveur, et je vous en remercie.

« La tranquillité de ses traits me raffermit le cœur et je pensais que les choses allaient bien aller. Le déjeuner fut animé ; on me plaisanta un peu sur ma toilette, même Marcel qui d'ordinaire était sérieux et nullement caustique. On prétendait que je voulais faire des conquêtes. Je me défendis mollement à ce sujet et confessai que ce n'était pas des conquêtes que je cherchais à faire, mais une conquête. A ce propos on me demanda quelle était cette belle et où elle résidait. Je répondis que c'était mon secret. Arrivés au dessert, Marcel, en versant une dernière goutte de vin dans le verre de Léontine, s'écria :

« — Léontine, vous serez mariée cette année.

« — Moi ! répondit-elle, assez étonnée.

« — Oui, vous, puisque vous avez la fin de la bouteille.

« — Oh ! alors, ajouta-t-elle, ce sera la semaine des quatre jeudis.

« — Bah ! continua Marcel, est-ce que les bonnes et jolies filles comme vous manquent jamais de maris !

« — De maris qui ne plaisent pas, peut-être ; mais de maris qui plaisent, c'est plus difficile.

« — Vous en trouverez un de cette sorte, c'est moi qui vous le dis.

« — Que le ciel vous entende, Marcel ! reprit Léontine d'une voix émue...

« Son accent avait quelque chose de singulier. Marcel n'y fit pas attention, il proposa la santé de la mère Petit ; on but ensuite à celle de chacun des convives, puis on se leva.

« Marcel aussitôt annonça à la Fosseuse et à

sa fille qu'il avait quelque chose à faire dans le voisinage.

« — Tenez-vous prêts, je reviendrai dans une demi-heure et nous irons tous ensemble promener au Jardin des Plantes.

« Puis il partit.

« En attendant que la table fût desservie et rangée par sa mère, Léontine me pria de passer avec elle dans sa chambre. Nous touchions à l'instant terrible. Elle avait emporté le vase qui contenait les fleurs et les disposait en meilleur ordre sur le bord de la fenêtre.

« Moi, je me tenais près d'elle, adossé au mur et debout. Après une ou deux minutes de silence je lui dis :

« — Vous voilà bien tranquille aujourd'hui, mademoiselle !

« — Oh ! oui.

« — Ce n'est pas comme l'autre jour.

« — C'est vrai... Marcel ne part pas... Que serions nous devenues sans lui ?.. Quand j'y songe, cela me fait frissonner.

« — Oh ! vous n'auriez pas été abandonnées de tout le monde.

« — Je le pense bien.

« — Moi, je ne partais pas.

« — C'est vrai.

« — Et comme je vous l'ai déjà dit, j'étais prêt à vous offrir mes services.

« — Je m'en souviens et vous en remercie encore.

« — Marcel aussi y avait pensé.

« — En vérité?

« — Oui, mademoiselle... Lorsqu'il eut l'intention de faire son tour de France... il m'avait même engagé à demander votre main, sachant combien...

« — Marcel! fit-elle en se retournant brusquement et en me regardant d'un œil fixe, Marcel vous conseille de m'épouser!... c'est impossible...

« Et elle était d'une pâleur extrême.

« — C'est la vérité, mademoiselle.

« — Je n'en crois rien, monsieur.

« — Je vous le jure, mademoiselle... Je lui ai avoué mon amour pour vous, amour que j'éprouve depuis le premier jour où je vous ai vue, et loin de me détourner d'un tel sentiment, il m'y a encouragé.

« — Marcel! Marcel!

« — Oui, mademoiselle, Marcel lui-même;... Marcel qui est un garçon sérieux.

« — Eh bien! il s'est fièrement trompé.

« — Comment?

« — Je veux dire qu'il n'a pas vu clair le moins du monde en cette affaire.

« — Veuillez vous expliquer.

« — Tenez, monsieur... je serai franche avec vous. Je ne m'attendais pas à votre déclaration qui me fait honneur, car elle vient d'un brave homme. Je vous estime, et je crois même qu'une femme ne serait pas malheureuse avec vous, mais sachez-le bien, j'aimerais mieux me jeter par cette fenêtre que de m'appeler madame Louis Durand.

« Et en disant ces mots, la voix vibrante et saccadée, elle me quitta et passa dans l'autre chambre.

« C'était violent, mais c'était positif. Je restai quelques minutes appuyé contre la fenêtre, les bras ballants, les jambes fléchissantes, atterré, anéanti sous ce terrible arrêt. On eût dit qu'un coup de massue venait de m'écraser la tête. Cependant je repris mon chapeau échappé de mes mains et ouvris la porte de la chambre d'entrée. Personne n'y était; les deux femmes avaient disparu. Je quittai moi-même la chambre et descendis les marches de l'escalier quatre à quatre, comme un fou. Quand je fus dehors, l'air me fit un peu de bien, mais les idées les plus sombres et les plus iniques vinrent m'assaillir. Au lieu de rentrer chez moi, je continuai de marcher vers le haut du faubourg. Tout en allant, je ne cessais de murmurer : « Elle ne « m'aime pas! elle ne m'aime pas! elle ne veut « pas de moi, elle me repousse, elle en aime un au- « tre!.. mais qui donc?... » et en cherchant qui cet autre pouvait être, je ne vis que Marcel. Cette idée fut comme une soudaine illumination. « Oui, « m'écriai-je, c'est bien Marcel! et j'ai été jusqu'à « ce moment un grand aveugle... » Pourquoi des pleurs à l'annonce de son départ? pourquoi cette joie en apprenant qu'il restait?... N'était-ce pas un indice de son amour pour Marcel?... Mais pourquoi aussi ses gracieusetés à mon égard au bal de Saint-Mandé !

« Ah! ruses de femme, pure coquetterie... Elle voulait piquer au jeu Marcel... et Marcel si fin, si bien parlant, vivant auprès de Léontine et sachant qu'il n'était pas son frère, est-il possible qu'il n'ait pas deviné son amour et ne l'ait pas partagé... Oui, oui, il l'aimait!.. Quand je lui ai laissé voir ma passion pour sa sœur adoptive, s'il a fait le généreux avec moi, s'il m'a encouragé et s'il m'a poussé à me déclarer, c'était pour mieux m'évincer et me faire donner mon congé en bonne forme. Avec ses hautes prétentions à la vertu, il ne voulait pas avoir l'air d'un rival et d'un jaloux. Il savait bien ce qui en retournerait, et sans ouvrir la bouche, sans susciter la moindre querelle et la moindre brouille, il restait maître de la place... en me plaignant peut-être. — Telles étaient les fausses couleurs sous lesquelles ma passion malheureuse me faisait voir les choses. Le déjeuner me paraissait un affreux traquenard, un piége très-habilement dressé, non par Léontine que je mettais tout à fait hors de cause, mais par Marcel qui avait fait d'elle l'instrument de ma déconvenue...

« Ah! Marcel, Marcel, vous l'ange de la démocratie! pouvais-je croire qu'il se cachait sous vos manières honnêtes, sous vos bonnes paroles, tant de duplicité, et que vous pussiez à ce point vous jouer d'un ami! Et plus j'y pensais, plus la blessure de mon amour-propre, jointe à celle de mon cœur brisé, donnait aux idées de trahison que je soupçonnais des proportions énormes. Désespéré, je m'assis sur un banc au rond-point de la barrière; là, le front dans les mains, je passai plusieurs heures à remâcher tous les souvenirs amers de cette journée; et toujours la figure de Marcel, Marcel amant heureux, m'apparaissait et me poursuivait d'un sourire ironique. « Comme « Léontine et lui, me disais-je, doivent en ce mo- « ment, se promenant bras dessus bras dessous au « Jardin des Plantes, se moquer du pauvre Louis « Durand! » C'est à ces heures fatales, où le sort vous frappe de coups inattendus et immérités, que l'homme devrait réagir de toutes les forces de son cœur et de sa raison. Malheureusement il s'abandonne comme un vaisseau en dérive aux mauvais instincts, et alors le diable qui vous guette sans cesse profite de vos défaillances et s'empare de vous. C'est ce qui m'arriva, pour mon éternel regret. Voyant le soleil baisser, je voulus rentrer chez moi: je me levai de mon banc et tournai le dos à la barrière. A peine avais-je fait quelques pas, que je me trouvai face à face avec un de nos camarades du métier appelé Fanjat, être vil, envieux, insinuant et rampant. Il s'aperçut bien vite de mon abattement et de ma pâleur, et me prenant la main me demanda ce que j'avais.

« — De la peine, lui dis-je.

« — Ah! mon cher, je te plains, surtout si ça vient d'un ami.

« Je ne répondis pas.

« — Vois-tu toujours Marcel?

« — Toujours.

« — Tant pis.

« — Pourquoi tant pis?

« — Je te conterai cela... mais je te laisse, tu as peut-être dîné...

« — Non.

« — Veux-tu fricoter ensemble? nous causerons.

« — Volontiers.

« Et nous nous acheminâmes vers une gargote au delà de la barrière. J'étais tellement malheureux que je m'abandonnai à cet homme comme un enfant; et moi qui ne bois guère, je me laissai aller à prendre plus de vin qu'il ne convient. Je perdis complétement la tête. Que se passa-t-il dans ce dîner avec ce gredin? Je ne m'en suis jamais bien souvenu. Il fallait cependant que j'eusse parlé imprudemment de Marcel et livré quelques-uns de ses plans, pour que, le surlendemain de notre rencontre, la police crût devoir faire une descente au domicile de mon ami. On s'empara de tous ses papiers et on le conduisit lui-même en prison. Ce fut pour moi un nouvel accablement et le plus terrible. La mère Madeleine accourut aussitôt chez moi, toute en pleurs, toute convulsionnée. Elle me dit que sa fille m'accusait d'avoir fait le coup, et que tout le faubourg saurait mon infâme action. Je l'apaisai comme je pus, je lui jurai que ce n'était pas moi qui avais dénoncé Marcel, et je lui promis de faire tous mes efforts pour tirer son fils adoptif de ce mauvais pas. Elle s'en alla un peu consolée; mais moi, dans quel misérable état elle me laissait! Je savais parfaitement que ce n'était pas moi qui avais amené la police chez Marcel, cependant c'était moi qui étais l'auteur indirect de son emprisonnement. Fatale rencontre, maudite ivresse! Que faire?..

« Me présenter devant Léontine était impossible; aller voir Marcel, ou lui écrire, également. L'idée de ce qu'on pouvait dire de moi, mon action, mes remords, tout cela m'alluma si fort le sang qu'une fièvre ardente me prit et que je fus obligé d'aller passer deux mois à l'hôpital.

« Pendant ce temps le procès de Marcel fut instruit, et il comparut en police correctionnelle, accusé d'avoir tenté de reformer une société secrète. Le fait était vrai : ses listes de Paris témoignaient contre lui. Il fut donc condamné à six mois de prison. Sa tenue à l'audience fut fière et hautaine. Se défendant lui-même, il professa des doctrines politiques et philosophiques qui parurent dangereuses au tribunal et qui lui attirèrent ses sévérités. »

— Qu'avait-il donc soutenu ? demandai-je au narrateur en l'interrompant.

— L'excellence du principe républicain d'abord, puis, en réponse à une parole du ministère public, invoquant sur la société les regards protecteurs de Dieu, il s'était écrié : « Pour moi, il n'y a rien là-haut, mais, ici-bas, il y a la justice, et j'y crois. »

— Ah ! il a parlé ainsi.

— Oui, monsieur, et j'ai entendu dire que cette phrase fit un très-mauvais effet.

— C'était du pur matérialisme.

— C'étaient ses idées.

— S'occupait-il de cette sorte de philosophie avec vous ?

— Oui, monsieur, souvent, mais là-dessus nous n'étions pas d'accord. Il voulait toujours me prouver que le monde avait existé de tout temps, qu'il s'était formé tout seul et qu'il se gouvernait par ses propres lois. A cela je répondais que nos meubles ne s'étaient pas faits tout seuls, et que pour les fabriquer il avait fallu quelqu'un qui eût un peu de dessin et de géométrie dans la tête, de force et d'habileté dans la main.

— Et vous aviez raison.

— Cependant, c'est avec de telles idées qu'il était notre modèle à tous pour la bonté et le sentiment de la justice.

— Un pareil désaccord entre les instincts et les idées se rencontre quelquefois ; que d'esprits faux ont le cœur droit et que de bien pensants ont mauvais cœur !... Mais veuillez continuer.

« Les six mois de prison encourus par Marcel parurent longs à la Fosseuse et à sa fille. Toutes les deux redoublèrent de travail et d'industrie, tant pour réparer les brèches faites à leurs finances par l'inoccupation de Marcel, que pour lui procurer quelques douceurs. Malheureusement l'excès de veilles rendit Léontine malade ; elle eut de violentes palpitations de cœur et même des vomissements de sang. Quant à Marcel, sans le chagrin que lui causait la maladie de sa chère sœur, il aurait supporté très-virilement les heures de captivité ; il se regardait comme un martyr de la démocratie, et souffrir pour sa cause était non-seulement un devoir, mais une joie. D'ailleurs, de nombreux témoignages d'estime et d'encouragement lui venaient de tout côté de la part des hommes du parti. Quand il sortit de prison il y eut une véritable fête dans le faubourg. Une multitude de jeunes ouvriers lui fit l'honneur de l'accompagner jusqu'à son domicile ; un seul manquait aux félicitations et aux embrassements des amis et de la famille, et je n'ai pas besoin, monsieur, de vous dire qui... Hélas ! j'avais commis une lâche action, j'en avais le plus profond remords ; je me sentais indigne d'affronter son regard pur et honnête, je n'en avais pas le courage. Depuis le jour fatal de l'emprisonnement de Marcel, il s'était fait un vide autour de moi : on m'évitait ; les patrons eux-mêmes, à qui je portais mon ouvrage me recevaient sèchement. Ma situation devenait si pénible que je songeai à quitter Paris et à m'en aller, soit à Lyon, soit à Rouen, soit même à l'étranger, pour gagner ma vie sous d'autres yeux et à l'aide de gens qui ne me connussent pas. Ce qui surtout m'était insupportable, c'était la pensée d'être méprisé par Marcel et haï par Léontine. Quelle torture vous fait subir une mauvaise conscience !

Cinq ou six semaines après le retour du prisonnier dans son logis, j'errais un dimanche à Vincennes, aux environs de la porte du Bel-Air. Il y avait là un groupe de joueurs de boules ; par curiosité, je m'approchai d'eux : c'étaient des camarades de mon état. Aussitôt qu'ils me virent, le jeu cessa, les langues s'arrêtèrent et l'on semblait disposé à se disperser.

« — Allons plus loin, disait l'un.

« Puis un autre ajouta :

« — Oui, oui... voilà le mouchard...

« J'étais pâle de colère.

« En ce moment, Marcel, que je n'avais pas aperçu et que je ne soupçonnais pas être au nombre des joueurs, s'avança vers moi, et, tranquillement, doucement, me dit :

« —Mon cher Louis, est-ce que je suis un pestiféré pour que tu ne veuilles plus me voir? Il me semble que tu aurais dû être un des premiers à me féliciter de ma sortie de prison.

« Surpris, décontenancé, je balbutiai quelques mots inintelligibles.

« Alors Marcel, se tournant vers ses camarades, s'écria :

« — Messieurs, on a calomnié mon ami Louis Durand, je le connais depuis longtemps ; il est incapable d'être ce que l'on suppose. La preuve que je le crois toujours un brave garçon, c'est que je lui présente la main comme avant.

« Touché de tant de générosité et les yeux pleins de larmes, je me jetai dans ses bras en disant :

« — Merci, Marcel, merci ! entre nous c'est désormais à la vie et à la mort !

« Le jeu reprit, mais moi je n'en pus rester spectateur. Je m'éloignai bien vite, suffoqué par l'émotion. Marcel me suivit quelques pas, et me fit promettre, avant de nous séparer, de revenir au logis de la Fosseuse. Après ce qu'il venait de faire, pouvais-je ne pas lui tenir parole? Je revis les chambrettes de la rue Sainte-Marguerite et la bonne Madeleine. Léontine seule ne voulait pas entendre parler de moi. Quand je paraissais, elle se renfermait chez elle ou se disait malade. L'horreur qu'elle avait de ma trahison lui était un prétexte commode pour se délivrer aussi de ma personne. Cependant comme ses dédains finissaient par blesser le cœur de Marcel, désireuse de ne point lui causer de peine, elle consentit à me revoir. Mais, grand Dieu! que je la trouvai changée! Sa figure avait le teint mat de l'ivoire avec de légères rougeurs sur les deux pommettes; ses yeux, plus enfoncés, brillaient d'un éclat fiévreux, puis elle avait beaucoup maigri... N'importe! elle était pour moi toujours charmante; c'était toujours ma danseuse du bal de Saint-Mandé. Je l'aimais toujours, et, le croiriez-vous, monsieur, par passion, je me soumis à tout ce qu'elle exigea de moi, à ne jamais lui parler d'amour ni de mariage, et à servir Marcel en toute occasion et partout avec le plus entier dévouement. Cette dernière condition était certainement la plus facile à remplir. Je lui promis de faire tout ce qu'elle voudrait et, dès ce moment, nos relations se rétablirent sur le premier pied. Son humeur à mon sujet fut plus douce : elle me traitait avec réserve, mais amicalement. Elle eut même parfois des éclairs de gaieté. Marcel s'en montrait heureux ; il avait deviné la véritable cause de ma vilaine action ; il l'attribuait à la jalousie, à la vanité blessée, au violent dépit d'une perte d'espérance, et non à de basses et honteuses passions, telles que l'intérêt et l'envie. Il ne s'agissait que de gagner du temps ; il espérait que l'amour de Léontine à son égard s'affaiblirait, et certain de mon goût pour sa sœur, il comptait sur moi, sur moi seul pour être son soutien un jour et celui de sa pauvre vieille mère. Quant à lui, disait-il, il n'était pas fait pour les joies tranquilles du ménage ; il se sentait appelé à une destinée pleine de périls et de sacrifices. Il avait dévoué son présent et son avenir au triomphe des idées de justice et de liberté.

Les choses en étaient là dans notre petite société, lorsque le coup d'État du 2 décembre 1851 éclata. Les quelques députés montagnards qui cherchèrent alors à soulever les populations ouvrières ne firent pas fortune au faubourg Saint-Antoine. Les ouvriers, en haine de la victoire remportée sur eux en juin 1848 par la bourgeoisie, n'étaient pas fâchés de laisser messieurs les bourgeois se démêler comme ils le pourraient des entreprises de l'armée et de ses chefs. Ils refusèrent donc d'entrer dans la résistance. Marcel ne fut pas de cet avis. Cette affaire lui parut une violation de la Constitution, et, rassemblant aussitôt une cinquantaine de camarades soumis à son influence, il s'unit à MM. Schœlcher, Madier de Montjau, Vaine et Baudin, pour organiser sur un point du faubourg quelque moyen d'action. Dans son idée, il fallait engager la lutte, et l'exemple de quelques-uns pouvait avoir de l'effet sur le reste de la population indifférente ou vindicative. On se mit donc à l'œuvre ; on désarma d'abord le poste de la rue Sainte-Marguerite. Une douzaine d'hommes livrèrent leurs armes sans combat. Le corps de garde fermé, l'on s'occupa de la formation de barricades aux angles de la rue de Cotte et de la rue Sainte-Marguerite. Quelques tonneaux de terre, des voitures renversées et des pavés amoncelés établirent en peu d'instants d'assez bons retranchements. Tout ce travail se fit sans opposition. Marcel en était le directeur ; je l'accompagnais, car Léontine, instruite de ses mouvements, m'avait fait jurer de ne pas le quitter un seul moment.

« La journée du 3 se passa en préparatifs de résistance.

« Le 4, quand le pouvoir se fut décidé à la répression, les députés reparurent parmi nous ; ils étaient ceints de leur écharpe.

« MM. Vaine, Madier de Montjau et Schœlcher se postèrent à la rue de Cotte, et M. Baudin prit le commandement de la barricade de la rue Sainte-Marguerite. Marcel lui servait de lieutenant. La troupe ne tarda pas à paraître ; elle venait de la place de la Bastille à pas silencieux.

« Quand elle fut à trois ou quatre cents pieds de nos positions, nous vîmes se détacher et se porter en avant MM. Schœlcher et Madier de Montjau. Ils poussèrent droit à la troupe, et, s'arrêtant devant elle, avec force gestes semblèrent la haranguer ; mais les soldats, sur un signe des officiers, ouvrirent les rangs et, filant de chaque côté des représentants, continuèrent de marcher en avant.

Alors il y eut dans notre coin un mouvement déplorable de retraite ; la majeure partie de nos hommes se mit à fuir. En vain M. Baudin et Marcel les exhortèrent à tenir bon, ils jetèrent leurs armes en disant :

« — Nous ne voulons pas nous faire tuer pour des vingt-cinq francs !

« — Eh bien ! repartit M. Baudin, *je vais vous montrer comment on meurt pour vingt-cinq francs.*

« Et il monta sur une des voitures renversées, en agitant son écharpe au-dessus de sa tête et en criant :

« — Vive la Constitution ! vive la République !

« Marcel s'élança aussi à ses côtés en répétant le cri de :

« — Vive la République !

« Aussitôt les soldats, qui n'étaient plus qu'à une centaine de pas, opérèrent un mouvement de conversion, les fusils s'abaissèrent, firent feu, et les deux défenseurs de la barricade roulèrent sous les balles.

« Grâce à l'embrasure d'une porte au long de laquelle je m'étais rangé, j'avais évité l'atteinte de la fusillade. Avant que la troupe fût sur nous j'abandonnai mon arme et, m'emparant du corps de

Marcel, je le traînai jusqu'au numéro 6 de la rue ; je me précipitai avec mon fardeau dans l'allée et le montai chez la Fosseuse ; mais là, en entrant, quel spectacle s'offrit encore à ma vue ! Madeleine, penchée sur le corps de sa fille, cherchait en vain à la ranimer avec de l'eau froide. Quant à mon pauvre ami, il avait reçu deux balles dans la tête, il était mort, bien mort ! Léontine et Marcel n'existaient plus !

« Léontine, du haut de sa fenêtre avait suivi tous les mouvements de la barricade ; elle n'avait pas quitté de l'œil un seul moment son frère adoptif. Lorsque la fusillade retentit et qu'elle le vit tomber, elle aussi ferma les yeux, et, poussant un grand cri, s'abattit sur le carreau... Un vaisseau s'était rompu dans sa poitrine.

« Le surlendemain de ce jour fatal, deux cercueils de même grandeur entrèrent à l'église Sainte-Marguerite ; c'étaient ceux de mes amis morts tous les deux à la fleur de l'âge. Ils y furent suivis par une grande foule d'ouvriers et d'ouvrières ; je crois que tout le faubourg était présent à cette triste cérémonie. Ensuite ils furent portés au cimetière du Père-Lachaise où je leur donnai une même fosse.

là gisent avec eux mon bonheur et mes espérances. La pauvre mère Petit, qui ne peut pas encore se remettre du coup qui l'a frappée, est venue demeurer chez moi, et j'espère par mon travail lui procurer un peu de repos et de bien-être pour le reste de ses jours. »

Lorsque le jeune homme eût fini de parler, je lui pris la main et lui dis :

— Merci, monsieur, de votre lamentable histoire ; elle m'a révélé de nobles âmes, et la vôtre n'est pas la moindre. Après un si pénible et si courageux récit dont je garderai souvenir, permettez-moi de me compter au nombre de vos amis.

— Bien volontiers, monsieur.

Puis il ajouta :

— En confessant de nouveau ma lâcheté, il m'a semblé que je soulageais mon cœur, et en vous faisant connaître la vie et la mort de mon ami, il m'a semblé aussi que je glorifiais son héroïsme. C'est donc un double service que vous m'avez rendu lorsque vous avez consenti à m'écouter.

Nous achevâmes la bouteille de bière ; il heurta son verre contre le mien et s'écria :

— A nos chers morts ! je dis à nos chers morts, parce que je ne doute pas que votre sympathie ne leur soit acquise.

— Très-certainement, répondis-je.

Nous vidâmes nos verres et je partis.

En route, toute cette histoire se représenta vivement à mon esprit. Le drame était émouvant, douloureux, tragique ; cependant il n'avait rien d'extraordinaire. Les éléments principaux étaient ceux de mille et une aventures du monde social. Une enfant qui aime et qui n'est pas aimée, du moins en apparence ; un jeune homme qui aime et qui, par désespoir de ne pas l'être, se laisse aller à trahir son ami qu'il croit son rival. Tout cela s'est vu et se voit encore fréquemment de nos jours ; mais, ce qu'il était plus rare de rencontrer, c'était le caractère moral du héros de ce drame ; c'était ce profond sentiment de justice qui en faisait le fond, cet ardent désir du bien de l'humanité qui occupait sans cesse le cœur et l'âme d'un pauvre ouvrier et le portait, sans croyance religieuse, sans espoir de récompense pendant la vie et après la mort, à sacrifier son temps, son bonheur et son existence elle-même au triomphe d'une idée. Il y avait là quelque chose de si grand et de si simple que je ne pouvais m'empêcher d'admirer cette figure populaire, et je la mettais volontiers dans mon admiration à côté de celle du brave et généreux député qui, agitant son écharpe comme un drapeau, était tombé mort sur la barricade en défendant la loi. Cependant les paroles que le jeune travailleur avait prononcées devant les juges de la police correctionnelle me revenaient aussi en mémoire. — *Il n'y a rien là-haut, mais, ici-bas, il y a la justice, et j'y crois.* — Et elles me donnaient à réfléchir. Comment, me disais-je, le sentiment du juste, si bien ancré au cœur de ce jeune démocrate, pouvait-il s'arrêter à l'écorce de notre globe et se borner aux pures relations des hommes entre eux! Comment sa pensée ne s'élevait-elle pas du fini à l'infini! Certainement il y avait dans sa tête une lacune, et peut-être aurait-elle été comblée si ce simple et honnête cerveau n'eût pas été livré à ses seules ressources en fait d'instruction, et si quelque parole puissante et autorisée eût pu lui ouvrir de plus hautes perspectives? Je songeai si profondément à cette conception incomplète du juste, qu'en rentrant chez moi je pris une feuille de papier et écrivis en forme de stances un chant à la louange de la Justice. J'avais besoin de satisfaire ma raison; voulant en même temps honorer la mémoire de l'être qui s'était sacrifié pour elle, je le dédiai à l'âme de mon jeune et héroïque plébéien, Marcel.

Le voilà donc tel qu'il est venu sous ma plume, et je le mets à la fin de ce récit comme une protestation et comme une couronne.

HYMNE A THÉMIS.

. . . . O Déesse!
Je ne laisserai point s'enfuir à jamais le souffle de mes lèvres sans t'avoir adressé le cri de mon cœur; car tout ce qui aime et pense noblement a soif de

ta vue et de ta parole, de même que la moindre plante a besoin, pour vivre, d'air, d'eau et de soleil.

Les anciens te donnaient le doux nom de Thémis et racontaient que tu étais fille du ciel et de la terre, et l'épouse du grand Jupiter. Ils ornaient ton front d'une beauté sans pareille, plaçaient dans une de tes mains une épée, dans l'autre une balance, et roulaient sous tes pieds la corne d'or de l'abondance; c'était dignement comprendre ta nature et ton action dans le monde.

Épouse de Jupiter, tu tiens en main la balance pour peser équitablement, et d'après l'idéal céleste, les actes de l'humanité. Tu brandis l'épée, afin que l'être libre et intelligent n'empiète pas sur le droit d'autrui et, sentant la douleur, expie sa faute s'il vient à s'éloigner de la route du bien. Tu possèdes aussi la corne d'abondance pour répartir les trésors de la nature à tous les êtres sans distinction, mais dans la mesure de leurs droits et de leurs vertus.

O Justice ! depuis que la terre est éclose au vaste sein de l'infini, le temps, le mouvement des choses, la mêlée des êtres, tout a concouru à développer ta beauté et à établir de plus en plus solidement ton trône sur le globe.

Les inventions les plus merveilleuses de l'intelligence, depuis le simple coutre de charrue jusqu'aux machines les plus compliquées et qui font de la vapeur, de l'électricité des forces presques spirituelles, ne servent-elles pas à étendre et à assurer ton empire? Ne sont-elles pas destinées à diminuer les guerres, soulager les fatigues du faible et faire participer un plus grand nombre d'êtres aux jouissances de la vie ?

Bien des siècles s'écouleront avant que ton règne soit complet et définitif, mais chaque jour il augmente d'étendue et de force ; chaque jour une entrave se brise ; chaque jour la notion du droit descend plus avant dans les âmes. Les peuples s'unissent, et bientôt la terre ne présentera plus qu'une seule famille à la douce influence de ton généreux sceptre.

Oui, tout ce que l'âme humaine conçoit et rêve de juste sera réalisé. Si cette réalisation, vu les bornes et les débilités de notre nature, ne peut s'effectuer sur la terre, elle aura lieu *certainement ailleurs*. Une parole sublime qui ne s'est point perdue n'a-t-elle pas dit un jour au genre humain : « Bienheureux ceux qui ont faim de la justice, car ils en seront rassasiés ! »

Alors toutes les injustices secrètes, toutes les iniquités matérielles et incompréhensibles seront redressées et réparées. Tous les innocents, depuis Abel jusqu'au royal enfant martyr de quatre-vingt-treize, trouveront satisfaction de leurs souffrances imméritées et de leur sang versé.

Et il est impossible que cela ne soit pas, que cette réparation suprême n'ait pas lieu, puisque l'épouse et l'époux ne font qu'un. La Justice est une forme du Bien absolu, et le Bien absolu c'est l'Être réel, immuable, inépuisable, impérissable... Dieu !

Écrit en 1856.

TABLE DES MATIÈRES

Préface. 1
Beata. 1
Gustave. 59
Léontine. 205

www.ingramcontent.com/pod-product-compliance
Lightning Source LLC
Chambersburg PA
CBHW050654170426
43200CB00008B/1281